생산관리
매뉴얼

THE BUSINESS SERIES - 7

고객 만족을 실현하는
생산관리 매뉴얼

타나카 카즈나리 지음 | 홍성수 옮김

새로운 제안

역자의 글

한 나라의 경제는 크게 생산, 분배, 지출 등 3가지 측면에서 살펴볼 수 있다. 이 가운데 생산은 노동력과 자본력을 결합하여 재화나 서비스를 만드는 것으로, 이것이 바로 경제의 출발점이라고 할 수 있다.

생산을 담당하는 주체는 기업이다. 기업은 생산하는 품목을 기준으로 하여 광업·어업과 같은 채취산업인 제1차산업, 원료를 투입하여 제품을 만드는 제조업인 제2차산업, 유통업·금융업과 같이 서비스를 제공하는 제3차산업으로 분류된다. 이 중 제조업으로 구성되는 제2차산업은 그 나라 생산의 중심축을 이루게 된다. 따라서 제조업 또는 제품이 없는 상태에서의 유통업이나 금융업은 말 그대로 앙꼬없는 찐빵이라고 할 수 있다.

요즈음 우리나라 제조업은 과잉설비, 생산성 저하, 근로의욕 상실 등 큰 위기를 맞고 있다. 때문에 아직도 제조업을 영위하는 사람들을 일컬어 '현대판 팔불출의 하나'라는 말까지 등장하고 있다.

그러나 한 나라의 경제가 튼튼한지 여부는 제조업에 달려 있다. 따라서 제조업을 경영하는 경영자들의 의욕을 어떻게 극대화시킬 것인가가 중요한 과제이다.

현재 우리나라 시장에서 거래되는 품목을 살펴보면 대개 고가품은 미국이나 유럽제품이, 저가품은 중국산 제품이 장악하고 있다. 그럼 여기에 대항하기 위해 우리나라 제조업은 과연 어떻게 해야 하는가? 바로 부단한 연구개발을 통해 신제품을 만드는 동시에 엄격한 생산관리를 통해 원가절감에 힘써야 한다.

우리나라의 생산현장을 보면 아직도 주먹구구식 생산관리를 하는 회사들이 많이 있다. 생산관리 없이 제품을 만든다는 것은 기업이기를 포기하는 것과 마찬가지이다. 왜냐하면 생산관리가 없다는 것은 계획이나 통제가 없다는 것이고, 이는 곧 생산원가가 얼마이고 또 마진이 나는지 여부도 모르는 채 제품을 만드는 것이기 때문이다. 따라서 기업의 규모를 막론하고 생산관리는 필요하다.

최근의 생산관리는 과거 공장업무 위주에서 회사 전체적으로 확대되는 추세를 보이고 있다. 즉, 소비자의 니즈를 파악하여 이를 제품화하고 물류나 유통을 통해 재고를 최소화시키는 방법으로 소비자들에게 제공하는 업무 모두가 생산관리업무에 해당된다.

이 책은 이러한 광범위한 생산관리 영역 전반에 대해 기술한 것으로, 생산관리의 기초에서부터 SCM, ERP 등 최근의 동향까지 설명하고 있다.

　모쪼록 이 책을 통해 생산부서에서 근무하지 않는 사람들도 생산관리가 곧 고객만족의 출발이라는 마인드를 갖기를 바라며, 아울러 우리 기업의 생산관리 수준을 한 차원 높이는 데 일조하기를 바란다.

홍 성 수

저자의 글

거품경제가 붕괴된 이후 오랜 기간 동안 불황에서 헤어나지 못하고 있다. 이에 정부는 장기적인 경기침체를 극복하기 위해 금융업·건설업 등을 중심으로 수많은 지원책을 수립하여 시행하고 있다. 그러나 이러한 정부의 지원책에도 불구하고 아직도 소생의 기미는 보이지 않는다. 반면 사양산업으로 간주되던 제조업들은 정부의 도움 없이도 활력적인 모습을 보이고 있다. 다시 말해 그나마 제조업이 경제의 튼튼한 기반을 형성하면서 경제를 이끌어 나가고 있는 것이다.

특히 제조업들은 환경 변화 등에 따라 새로운 전략적 경영기법을 적극적으로 도입하면서 사업구조를 크게 개선하고 있다.

- ISO 9000(ISO 9001)
- ISO 14000(ISO 14001)
- ERP(Enterprise Resource Planning)
- SCM(Supply Chain Management)
- 식스시그마(6σ)

이러한 경영기법들은 어느날 갑자기 나타난 것은 아니며, 거의 대부분이 이전부터 기업들이 경영관리활동을 수행하면서 사용하던 방법들이 변화에 변화를 거듭하여 오늘에 이른 것이다. 따라서 이러한 새로운 경영기법을 회사에 도입하여 효율적으로 활용하기 위해서는 근본적으로 이 기법들이 나타나게 된 배경이나 목적 등에 대해 살펴볼 필요가 있다. 때로는 새로운 경영기법이 난해하게 보일 수도 있다. 그러나 그 근본원리만 확실히 이해한다면 쉽게 습득할 수 있을뿐더러 조직의 발전에도 크게 기여할 것이다.

이 책에서는 우선 제1장과 제2장에서는 생산관리의 가장 기초적인 내용 및 목적, 구조에 대해 설명하였다. 그리고 제3장에서는 정보처리방법을 통한 생산계획과 일정계획을 다루었다. 이밖에도 제4, 5, 6장에서는 납기지연을 막기 위한 생산준비방법, 진척관리, 생산과 판매를 연결짓는 재고관리를 상세히 설명하고 있고, 제7장에서는 생산관리의 새로운 동향 등을 다루고 있다.

모쪼록 이 책이 보다 효율적인 생산관리를 위한 지침서가 되기를 바라며, 이 책을 발행하는 데 있어 많은 도움을 준 관계자를 비롯하여 일본실업출판사 임직원들께 감사의 말씀을 올리고 싶다.

타나카 카즈나리

차례

1장 생산관리의 목적

2장 생산관리의 구조

3장 생산계획과 일정계획

4장 생산준비

5장 진척관리

6장 재고관리

7장 | 생산관리의 새로운 동향

1장

생산관리의 목적

01 공장은 변환시스템

공장은 블랙박스

일반적으로 공장이라고 하면 높은 담장이 에워싸고 있고, 정문에는 딱딱한 표정의 경비원이 삼엄하게 지키고 있어서 굉장히 접근하기 어렵다는 느낌을 갖는다. 그러나 어떤 재료이든 이같은 공장에 한번 들어가면 전혀 다른 형태의 제품이 되어 나온다.

그럼 과연 공장 내부는 어떠한 구조로 되어 있으며, 그 안에서는 어떠한 일이 벌어지는 것일까? 공장은 일반적인 생활과는 전혀 다른 일이 진행되는, 말하자면 블랙박스와 같은 곳이다. 따라서 일반인 입장에서는 쉽게 예측하기가 어려운 것이 사실이다. 그러나 생산에 종사하는 사람들에게는 공장이야말로 재료를 투입하여 하나의 제품으로 변화시키는 일종의 드라마를 연출하는 장소라 할 수 있다.

공장이란 어떤 곳인가

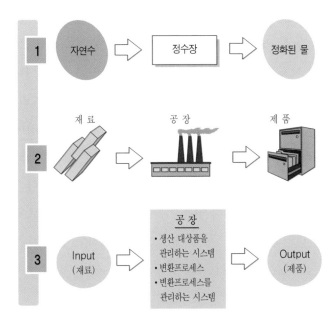

- 재료(input)는 공장의 변환과정을 통해서 제품으로 변환된다. 변환과정은 기계나 장치를 조합하여 만든 일련의 시스템이다.
- 변환과정을 정상적으로 작동하기 위한 관리시스템이 필요하다.
- 생산에 따라 변환되는 과정을 체계적으로 관리할 필요가 있다.

> 생산부 이외의 사람들은 공장을 단순히 제품을 출하하는 역할을 수행하는 곳으로 인식할 수 있다. 그러나 생산에 종사하는 사람들에게 공장은 재료가 제품으로 변환되는, 말 그대로 드라마를 연출하는 장소이다.

공장이 없으면 생활도 없다

우리가 일상 생활을 영위하는데 있어서 공장에서 생산되는 제품의 신세를 지지 않고는 단 하루도 살아갈 수 없다. 세수할 때 필요한 비누나 칫솔에서부터 시작하여, 양복과 와이셔츠 등의 의류, 회사로 출근할 때 이용하는 지하철이나 자동차, 사무처리에 필요한 PC나 전화기 등 그야말로 우리의 일상 생활은 수많은 제품과 연계되어 있다.

이처럼 우리가 일상 생활에서 사용하는 모든 제품은 공장에서 생산공정이라는 변환과정을 거쳐 만들어진다. 이같은 제품의 생산과정에 대해 일반인들은 특별히 관심을 가질 필요는 없다. 그러나 생산관리와 관계된 업무를 수행하거나, 이를 배우려는 사람은 재료에서 제품으로의 변환과정을 반드시 알아야 한다. 왜냐하면 생산관리란 그 변환과정을 대상으로 하기 때문이다.

0 2 고객만족(CS)의 실현

생산관리는 고객만족을 목표로 한다

기업이 치열한 경쟁에서 살아남기 위해서는 소비자가 원하는 제품을 제공해야 한다. 그리고 소비자가 원하는 제품을 구체적으로 만드는 역할을 담당하는 곳이 바로 공장이다. 따라서 생산관리의 궁극적인 목적은 고객만족을 실현하는 데 있다.

고객만족을 유지하기 위해서는 고객의 추상적인 욕구가 제품이 설계되는 시점에 반영되어야 하며(outside-in), 이에 따라 구체적인 형태로 생산하여 다시 고객에게 제공해야 한다(inside-out).

1980년대 초까지 기업의 생산관리는 주로 제품화하는 단계보다는 소비자에게 제공하는 단계에 초점을 맞춘, 제조업자가 주도하던 시대라고 할 수 있다. 이 시대의 제조업체는 품질이 좋은 제품을 저렴하게 빠른 시일 안에 공급함으로써 소비자들에게 쉽게 판매할 수 있었다. 실제로 많은 기업들은 이러한 목표를 달성하기 위해 수많은 노력을 기울였으며 그 결과 수준 높은 생산체제를 구축하게 되었다.

그러나 시장에 제품이 넘쳐나게 된 요즈음에는 저렴한 가격과 좋은 품질만으로는 소비자의 욕구를 충족시키기가 어려워졌다. 즉, 소비욕구를 일으킬 만한 뚜렷한 특징이 없으면 구매욕구를 자아내는 것 자체가 거의 불가능하다.

그러면 소비자의 관심을 끌면서 구매의욕을 이끌어내기 위해서는 어떻게 해야 하는가? 이를 위해서는 과거와는 전혀 다른 새로운 마케팅 사고방식을 도입할 필요가 있는데, 이러한 배경에 따라 등장하게 된 것이 고객만족(CS, Customer Satisfaction)이다.

고객만족의 구체적인 실현방법

고객만족을 실현하기 위해서는 우선 자사의 제품을 구매하는 소비자가 어떤 사람인지를 정확하게 파악해야 한다. 또한 대상이 되는 소비자가 무엇을 요구하는지도 정확하게 파악할 필요가 있다.

과거의 획일적인 대량생산(mass-production) 대량판매(mass-marketing) 방식은 점차 세분화된 개별 마케팅으로 변화되고 있다. 현재 편의점은 이러한 관점에 따라 제품의 구색을 갖춰 고객을 만족시킴으로써 소비자 유통시장을 거의 장악하고 있다. 이처럼 마케팅 사고방식이 변화하면 생산에 대한 사고방식도 이에 맞춰나가야 한다. 다시 말해 고객만족의 실현이 생산관리의 목적이 되어야 한다.

과거 생산에 대한 기업의 사고방식은 먼저 제품을 제조하여 시장에 공급한 다음 제품에 문제가 발생하면 개발부문에서 제품의 큰 틀은 변화시키지 않은 채 세부기능이나 용도를 변형시키는 '인사이드 아웃

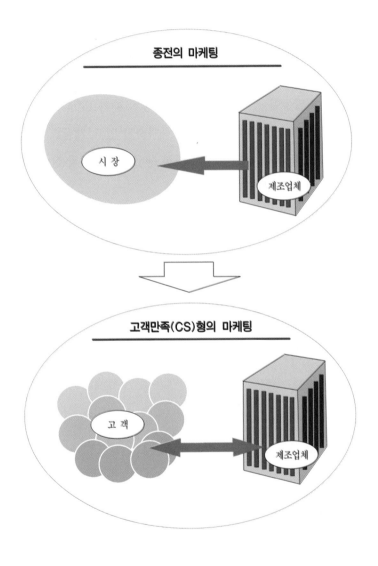

(inside-out)'의 형태였다. 이에 반해 고객만족(CS)의 사고방식은 '아웃사이드 인(outside-in)'에 해당된다. 즉, 공장의 바깥, 다시 말해 소비자의 소리에 귀를 기울이고 그 요구에 맞춰서 생산하는 것이다.

따라서 앞으로의 생산관리는 고객만족을 목표로 해야 하며 생산관리 방식도 과거와는 크게 달라져야 한다. 예를 들어 주부들이 직업을 갖거나 취미활동이 늘어남으로써 부재 중일 때가 많아지게 되고 이에 따라 정확한 납기에 대한 요구가 증가하고 있고, 제품의 신선도에 대한 관심 또한 높아지고 있다. 따라서 생산관리의 역할은 이러한 고객의 요구에 맞추어 변화되어야 한다.

0 3 Q · C · D의 실현

생산관리는 Q · C · D에서 출발

회사가 업무처리를 하는 데 있어서 문서에 의한 정보처리보다 더욱 중요한 것은 바로 고객에게 제품을 정확하게 도착시키는 것이다. 다시 말해 제품의 철저한 납기관리가 생산관리의 가장 중요한 목적 중 하나에 해당된다. 앞에서 설명한 것처럼 이제는 제조업이 주도하던 시대가 아니라, 시장이나 소비자가 주도하는 시대로 변화하고 있다. 따라서 고객만족 없이는 지속적인 경영활동을 기대하기 어렵다. 그렇다면 과거 생산관리의 목적이라 할 수 있는 Q(quality 품질), C(cost 원가), D(delivery 납기)는 어떻게 생각해야 하는가?

결론적으로 말하면 생산관리 측면에서 Q · C · D의 중요성에는 변함이 없다. 다만 생산관리의 최상위 목적은 고객만족에 있으므로 '그 틀 안에서' 전개해 나가야 한다. 다시 말해 좋은 제품을 저렴하게 정해진 납기일 안에 제공하는 것이다.

그러나 기업은 적정한 이익을 얻지 못하면 영속적으로 존속할 수가 없다. 수익성을 무시하고 오로지 Q·C·D만 추구한다면 경영은 곧 파국을 맞게 될 것이다. 이러한 딜레마를 해결하는 것이 바로 생산관리의 목적이자 역할이다. 그럼 Q·C·D에 대해 구체적으로 살펴보기로 하자.

① Q(quality 품질)

고객의 니즈(needs)에 기초해서 기획부문이나 설계부문에서 규정한 품질을 가급적 손실(loss) 없이 실현해 나가는 것이 그 목적이다. 이를 위해서는 불량률을 일정 범위 내로 줄여야 한다. 여기서 '일정 범위'라는 것이 중요한데, '불량률 제로'는 생산관리가 지향하는 목표는 될 수 있지만 경제적인 측면에서 볼 때 가장 최선의 방법이라고 할 수는 없다.

다시 말해 불량률을 제로로 하기 위해 더욱 많은 자금이 투입되어야 한다면 비용과 효과를 비교할 때 현실적으로 의미가 없다. 따라서 적정한 불량률을 계획하고 실현하는 것이 보다 중요하다.

② C(cost 원가)

특정 제품의 품질과 기능이 동일할 경우 소비자는 당연히 가격이 저렴한 제품을 선택할 것이다. 특히 시장에서의 경쟁이 치열하면 할수록 제품의 가격을 회사 마음대로 결정할 수는 없다. 따라서 기업은 가격을 올리기보다 원가를 내림(low cost)으로써 이익을 확보하도록 해야 한다.

제품을 생산하기 위해서는 원료의 구입, 제조공정, 전기·수도·가스 등 광범위하고 복잡한 활동이 이루어지는데 이 과정에서 원가가 발생한다. 따라서 원가를 어떻게 절감할 것인가에 대해 활동별로 원가절감 요인을 살펴볼 필요가 있다.

그러나 무리한 원가절감으로 제품의 성능이나 품질이 떨어진다면 이익은커녕 소비자로부터 반감을 삼으로써 매출이 줄어들 수도 있다. 따라서 고객과 자사 모두에게 이익이 될 수 있는 합리적인 원가절감 계획을 수립하여 이를 실행해야 한다.

█ 생산관리에 따른 균형의 조정

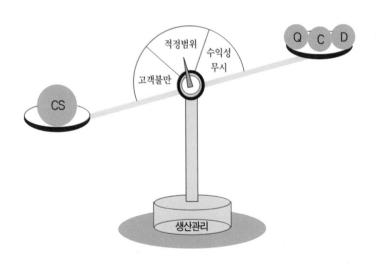

③ D(delivery 납기)

납기에는 2가지 목적이 있다. 하나는 약속한 납기를 정확하게 지키는 것이고, 다른 하나는 공장에서 제조하는 데 걸리는 시간을 될 수 있는 한 단축하는 것이다. 최근과 같은 치열한 경쟁에서 승패의 여부는 바로 비즈니스 스피드(business speed)에 달려 있다. 많은 기업이 전산에 의한 경영의 디지털화를 추진하는 이유는 바로 이를 통해 의사결정이나 정보처리의 속도를 높이기 위함이다.

그러나 신속한 정보처리만으로는 충분치 않다. 가장 중요한 것은 제품을 고객이 있는 곳으로 정확하게 도착시키는 데 있다. 이처럼 현물을 움직이는 입장에서 납기를 지키도록 관리하는 것도 생산관리의 중요한 목적 중의 하나이다.

0 4 로지스틱스의 이해

생산과 물류(유통)는 별개의 영역이었다

과거 수년간 생산관리 측면에서 축적된 납기관리, 재고관리, 외주관리 등의 노하우는 유통과정에서의 제품의 흐름인 로지스틱스(logistics) 분야에서도 응용할 수 있다.

그동안 생산관리의 주된 관심범위는 공장을 중심으로 한 생산영역에 한정되었다. 다시 말해 제조공정이 끝나 제품을 완성품 창고에 입고시키면 그것으로 생산관리의 모든 절차는 끝난 것으로 간주되었다.

완성된 제품은 공장에서 출하되어 각지의 유통창고로 운송되고 그후 배송과정을 통해 고객의 수중으로 들어간다. 그러나 이러한 유통영역은 모두 유통부문의 책임으로 생산부문과는 전혀 관계가 없었다. 더욱이 유통부문과 생산부문간의 벽이 높아 양 부문간의 커뮤니케이션은 그다지 원활하지 못했다.

이 때문에 제품의 납기가 늦어져 고객의 불만을 사거나 또는 소비자가 필요로 하는 제품은 없는데 잘 팔리지도 않는 제품만 창고에 가득 쌓이는 현상이 빈번하게 나타났다.

생산과 물류(유통)를 통합하는 로지스틱스

이러한 문제를 해결하기 위해 최근에는 조달·생산·유통을 일괄적인 흐름선상에서 일원적으로 관리하는데, 이것이 바로 로지스틱스의 사고방식이다. 미국에서 개발되어 최근 우리 기업들이 적극적으로 채택하고 있는 SCM(Supply Chain Management 공급사슬관리)도 이러한 로지스틱스의 사고방식을 구체화한 것이다.

SCM은 컴퓨터를 이용하여 고객의 주문에서부터 자재의 조달·생산·재고·배송이라는 모든 과정을 종합적으로 관리하는 방식이다. 이 과정에는 자사공장에서부터 원료 공급업자, 외주공장, 원료창고, 부품창고, 완성품창고, 유통창고, 운송업자 등 다수의 부문과 업자 모두가 포함된다.

이 과정은 마치 쇠사슬처럼 밀접하게 연결되어 있기 때문에 공급사슬(supply chain)이라고도 하며 이를 매개로 해서 제품과 정보가 한 섹터가 되어 함께 이동한다. 즉, 제품과 정보 양자는 마치 흐르는 강물처럼 원료의 조달이라는 상류에서 고객으로의 배송이라는 하류로 흘러간다.

기업의 경쟁력을 결정하는 생산관리

최근의 기업 경쟁력은 이러한 공급사슬의 관리 여하에 크게 좌우된다고 할 수 있다. 공급사슬이 제대로 기능을 발휘하지 않는 기업의 경

생산관리의 위치

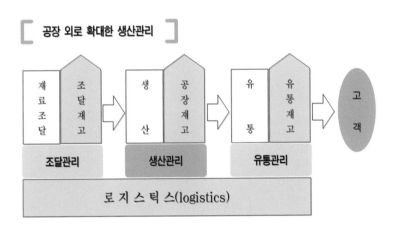

공장 내로 한정한 생산관리

| 재료조달 | 조달재고 | 생산 | 공장재고 | 유통 | 유통재고 | 고객 |

조달관리　　생산관리　　유통관리

공장 외로 확대한 생산관리

| 재료조달 | 조달재고 | 생산 | 공장재고 | 유통 | 유통재고 | 고객 |

조달관리　　생산관리　　유통관리

로지스틱스(logistics)

우 재고는 증가하면서 도리어 납기는 길어지게 된다. 따라서 고객만족(CS)을 달성할 수 없게 된다.

SCM을 잘 운영하려면 당연히 전체 과정을 통제하는 관리시스템이 필요하다. 그리고 이 과정에서 생산관리가 가장 중요한 역할을 담당하게 된다. 다시 말해 생산관리의 목적은 공장 내의 Q·C·D를 포함하여 로지스틱스 분야까지 확대할 필요가 있다.

생산관리에 있어서 장기간에 걸쳐 축적되어온 납기관리, 재고관리, 외주관리 등의 노하우의 대부분은 로지스틱스 분야에서도 응용할 수 있다. 다시 말해 제품의 흐름이라는 점에서 볼 때 공장 내외의 차이가 있을 뿐 본질적으로는 같은 것이다.

2장

생산관리의 구조

05 생산현장과 생산관리

공장업무는 직접작업과 간접작업으로 구분된다

기업에서 제품의 생산이 이루어지는 곳은 공장이다. 이러한 공장을 건설하려면 우선 입지조건을 결정해야 한다. 예를 들어 원료조달의 편리성, 소비지까지의 거리 혹은 노동력의 풍부함 등 모든 조건을 고려하여 공장의 입지를 결정해야 한다. 물론 가장 중요한 판단기준은 투자비용을 빠른 시일 내에 회수할 수 있는지 여부이다.

공장의 건물 내부는 여러 개의 공정으로 나뉘어지고, 각각의 공정별로 기계나 설비가 배치된다. 이것으로 일단 공장으로서의 외관은 갖추어지게 된다.

그러나 무엇보다도 공장을 제대로 가동하기 위해서는 인력이 투입되어야 한다. 공장에서의 인력의 역할은 직접적인 생산작업과 간접적인 생산관리로 구분할 수 있다. 소규모 공장을 보면 대부분의 인력이 생산작업에만 투입되는 것처럼 보이지만 실제로는 작업자 자신이 관리도 겸하게 된다.

생산관리는 간접지원작업에 해당된다

공장의 규모가 일정 수준 이상이 되면 보다 효율적인 생산관리를 위해 인력의 역할을 전문화할 필요가 있으며, 그 역할도 생산현장과 생산관리로 나누어 담당하게 된다. 생산현장은 인력이나 기계가 재료를 가공하거나 운송하는 등 생산과 직접적으로 연관된 장소로 누가 보아도 즉시 식별할 수 있다.

이에 반해 생산관리는 생산품목이나 수량을 계획하고 재료나 부품의 주문, 작업의 진행 정도를 체크하는 등 정보를 처리하는 작업을 말한다. 물론 작업의 성과나 결과를 구체적으로 측정하기는 어렵지만 만약 생산관리가 제대로 이루어지지 않는다면 생산현장 또한 효율적으로 운영되지 않는다.

생산현장은 오케스트라에 비유할 수 있다. 즉, 여러 가지 기계나 장치는 악기이고 기계를 조작하는 인력은 악기를 연주하는 연주자에 해당된다. 그리고 생산관리는 지휘자라고 할 수 있다. 오케스트라의 지휘자는 한 사람이지만 공장의 경우는 공장장을 포함하여 생산관리과·공무과·인사과 등 여러 부문이 존재하면서 일체가 되어 지휘를 한다. 이처럼 생산교향악의 지휘는 복잡하고 범위가 넓은 것이다.

생산관리를 담당하는 생산관리부서의 요건

공장에서는 이러한 생산관리를 담당하는 부문의 업무처리 내용을 개별적으로 결정하는데 이를 총칭하여 생산관리부서라고 한다. 생산

오케스트라와 공장의 비교

[**오케스트라의 편성**] ··· 최적의 음향효과를 위한 레이아웃

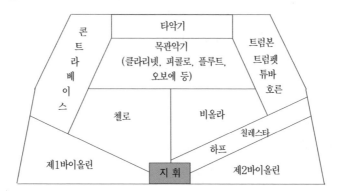

[**공장 기계설비의 배치**] ··· 최적의 생산효과를 위한 레이아웃

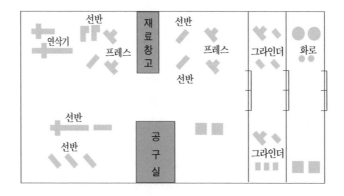

관리부서에 근무하는 사람들은 공장에서 생산하는 제품이나 부품의 모든 내용을 숙지해야 하며, 제품을 제조하는 공정의 지식 또한 습득할 필요가 있다. 왜냐하면 이러한 기초지식이 있어야 계획·준비·진척 등의 생산관리 기술을 알 수 있기 때문이다.

특히 최근 들어 생산관리에 있어서 컴퓨터의 이용이 필수사항이 되고 있는데, 이는 그만큼 생산관리업무가 고도화되고 있음을 의미한다. 따라서 과거에는 관리자가 되는데 5~6년이 걸렸지만 요즘은 그보다도 더 오랜 시간이 걸린다고 할 수 있다.

실제 생산현장에서 작업에 투입되는 인력이 좋아야 좋은 제품을 만들 수 있다. 하지만 이에 못지않게 생산관리부서에 종사하는 인력의 수준 또한 높아야 한다는 것을 강조하고 싶다.

06 생산조직과 업무분담

생산관리조직의 수행업무

제품을 생산하기 위해서는 공장 현장에서 이루어지는 작업뿐만 아니라 사무실에서 이루어지는 생산관리업무도 필요하다. 예를 들어 공작기계를 만드는 경우 공장 현장에서는 선반가공이나 프레스가공 등의 기계작업뿐만 아니라 조립작업이나 검사작업을 수행한다.

반면 생산관리업무를 담당하는 공장 사무실에서는 현장작업에 필요한 재료를 조달하는 구매나 외주 등의 업무를 수행한다. 이외에도 치공구의 설계, 원가계산, 생산계획, 진척관리 등 수많은 생산관리업무가 간접적으로 이루어지게 된다.

그리고 이러한 생산관리를 위한 작업이나 업무에는 각각의 담당자가 배치되어 수행하게 된다. 다시 말해 일종의 분업형태로 이루어진다. 가장 세분화된 분업단위는 개인별로 부과된 업무이지만 이것을 그룹으로 묶으면 계(係)가 되고, 여러 개의 계(係)를 묶으면 과(課)가

공장의 업무 분담

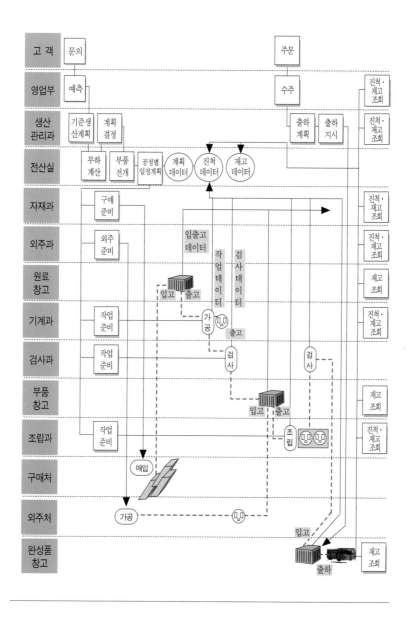

고 객	문의							주문		
영업부	예측							수주		진척·재고조회
생산관리과	기준생산계획	계획결정						출하계획	출하지시	진척·재고조회
전산실	부하계산	부품전개	공정별 일정계획	계획데이터	진척데이터	재고데이터				
자재과		구매준비								진척·재고조회
외주과		외주준비	입출고 데이터							진척·재고조회
원료창고			입고 출고	작업데이터	검사데이터					재고조회
기계과		작업준비		가공	출고					진척·재고조회
검사과		작업준비		검사		검사				
부품창고				입고 출고						재고조회
조립과		작업준비		조립						진척·재고조회
구매처		매입								
외주처		가공								
완성품창고		입고						출하		재고조회

되며, 과를 묶으면 부(部)가 된다. 앞의 도표는 이와 같은 조직에 따라서 공장 전체의 업무가 어떻게 분담되고 있는지를 나타낸 것이다.

전략적 자원조달계획

하나의 공장 내에서 제품을 만드는 데 필요한 모든 공정을 담당하는 것은 거의 불가능하다. 원재료뿐만 아니라 부재료나 부품 가운데 일부는 경제적인 측면에서 볼 때 자체 생산보다는 외부에서 구입하는 것이 더 나은 경우가 많다. 만약 모든 원재료·부재료·부품 등을 회사 안에서 자급자족한다면 시간과 인력 면에서 도리어 막대한 손실을 입을 가능성이 많다. 실제로 미국 포드사의 경우 이처럼 모든 원·부재료의 자체 생산을 시도했다가 결국 실패로 끝난 적이 있다.

타사로부터 구입할 품목과 자체 생산할 품목을 결정하는 것은 경영전략 분야의 매우 중요한 테마라 할 수 있다. 이전에는 이것을 'make or buy'라고 하여 자체 생산 및 구매 여부를 원가 측면에서만 판단했었다. 그러나 최근에는 경영자원의 최적배분이라는 전략적 측면에서 결정하며 이러한 전략기법으로 아웃소싱(outsourcing)이 있다.

인재나 설비와 같이 기업이 보유·활용할 수 있는 경영자원은 한정되어 있다. 그런데 이러한 자원을 회사 전체적인 차원에서 효율적으로 활용하지 않고 여러 분야로 분산시켜 활용하면 효과는커녕 쉽게 고갈되고 말 것이다. 따라서 회사의 경영자원은 가장 핵심적인 부분에 집중적으로 사용해야 큰 효과를 볼 수 있으며, 주된 기능 이외의 부분에 대해서는 가능한 한 아웃소싱하는 것이 바람직하다.

구매와 외주의 차이점

여하튼 생산활동 측면에서 볼 때 사내와 사외의 협력관계는 불가피하며, 그 대표적인 영역이 바로 구매관계와 외주관계이다. 구매와 외주는 비슷한 개념으로 볼 수도 있지만, 다만 다음과 같은 차이점이 있다.

구매는 구입하고자 하는 제품의 사양(specification)이 포함된다. 다시 말해 타사가 스스로의 책임하에 개발·설계·제조한 제품에 대해 대가를 지불하고 사는 것을 말한다.

반면 외주는 구입하는 제품의 사양이 포함되지 않는다. 즉, 개발과 설계는 발주측의 책임하에 이루어지고 외주업체는 그 사양에 따라 생산만을 담당하는 것으로, 한마디로 사외의 제조업자에게 설계도면을 건네주고 이에 따라 제품의 생산을 의뢰하는 것을 말한다.

실제로 하나의 단위공장에서 완성한 제품을 분해해 보면 내장되어 있는 구성품의 대부분은 구매품이나 외주품이고 사내에서 제조된 것은 일부분이라는 것을 알 수 있다. 예를 들어 전기제품이나 자동차 등과 같은 가공조립형 제품의 경우 공장 내부에서의 제작비율은 20~30%에 지나지 않으며, 나머지 70~80%는 외부에서 조달된 품목이다. 따라서 좋은 제품을 보다 저렴하게 만들기 위해서는 수준 높은 외주거래처 및 구매거래처를 선택하는 것이 중요하다.

현재 많은 기업들이 이 점에 착안하여 외부기업과 긴밀한 제휴관계를 맺고 있다. 이것이 바로 우리 제조업이 어떠한 어려운 환경 속에서도 살아남을 수 있는 원동력이라 할 수 있으며, 과거 미국 기업이 주로 활용한 부품의 계열화 현상도 이러한 배경에 따른 것이다.

효율적 생산관리는 분업과 통합에 달려 있다

지금까지 설명한 것처럼 공장에서 생산을 하기 위해서는 사내·사외를 포함한 광범위한 영역에서 적절한 분업이 필요하다. 하지만 분업으로 이루어지는 업무 하나하나가 독립되어 있다 하더라도 회사 전체적으로는 반드시 통합되어야 한다. 왜냐하면 업무가 독립적으로 흩어져 있으면 고효율을 달성할 수 없기 때문이다.

이처럼 광범위하게 분업화된 생산업무를 전체적으로 통합하는 것은 현실적으로 그리 간단한 일이 아니며, 이를 위해서는 수많은 지혜를 짜내야 한다.

대부분의 공장에는 생산관리를 전문으로 하는 생산관리과, 생산계획과, 공정관리과 등의 부서가 있다. 그러나 생산관리업무는 분야가 매우 광범위하기 때문에 이러한 부서는 생산관리의 핵심영역만을 담당하고, 그 외의 분야는 여러 부문에서 다양한 형태로 분담하여 지원하고 있다. 다음 도표는 생산관리와 관련된 부문의 사례를 든 것이다.

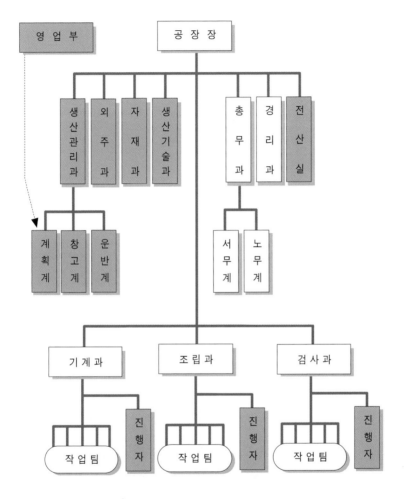

* ▨ 은 생산관리에 관련된 부서임.

생산관리의 기본유형

공장의 형태는 만드는 제품이나 제조설비·생산방법 등에 따라 천
차만별이며 동일한 제품을 만드는 공장이라도 약간씩 차이가 있다.
그러나 생산관리 측면에서 보면 아무리 다양한 형태라 하더라도 일
정한 유형으로 분류할 수 있다. 물론 이를 세분화하면 약간의 차이가
있지만 기본적으로는 다음의 3가지 유형으로 분류할 수 있다.

집약형 생산과 전개형 생산

우선 집약형 생산에 대해 자동차의 생산 사례를 통해 살펴보기로
하자. 다음 페이지 위의 도표는 자동차의 조립공정을 나타낸 것이다.
완성품으로서의 자동차는 몇 개의 부품으로 구성되어 있으며, 부품은
각각 여러 개의 유닛(unit)이나 세부부품으로 구성되어 있다.

도표를 보면 a·b·c에 의해서 엔진, d·e·f에 의해서 차체, g·h·
i에 의해서 바퀴가 만들어지며 엔진·차체·바퀴 등을 조립하면 자동

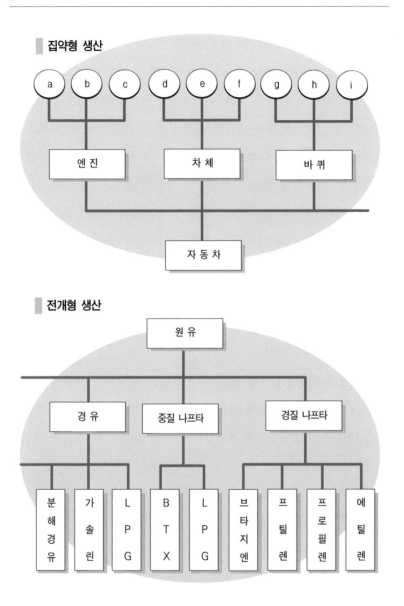

■ 집약형 생산

■ 전개형 생산

차(제품)가 완성된다. 이처럼 여러 개의 유닛이나 세부부품을 조립하여 부품을 생산하고, 이러한 부품의 조립으로 완성품이 생산되는 일련의 공정을 집약형 생산이라고 한다.

다음으로 전개형 생산을 석유화학제품의 사례를 통해 살펴보기로 하자. 앞 페이지 아래의 도표는 석유화학공장의 생산공정을 나타낸 것이다. 완성품으로서의 에틸렌, 프로필렌, 프틸렌, 브타지엔 등은 경질 나프타를 가공하여 정제된다. 마찬가지로 LPG와 BTX는 중질 나프타로부터 또 가솔린이나 분해경유 등은 경유로부터 정제된다.

다시 말해 자동차와는 역으로 원유라는 단일의 재료가 복수의 중간품인 나프타가 되고 나프타가 분해되어 수많은 최종품이 완성된다. 이와 같이 단일의 재료로부터 중간품을 거쳐서 다수의 완성품에 이르는 일련의 공정을 전개형 생산이라고 한다.

계획생산과 주문생산

계획생산(예측생산)이란 시장의 수요 등을 감안하여 생산계획을 수립한 뒤 이에 따라 사전에 제품을 생산하는 방식을 말한다. 반면에 주문생산(수주생산)이란 고객으로부터 주문을 받고 나서 제품을 생산하는 방식을 말한다.

냉장고·TV·화장품 등 일반적인 대량소비재는 계획생산의 대표적인 예이며, 선박·전용공작기계·주택·맞춤복 등은 주문생산의 대표적인 예이다. 다시 말해 대량생산되는 제품을 만드는 것이 계획생산이고, 한 개 또는 아주 소량을 만들어내는 것이 주문생산이라고 할 수 있다.

그러나 이러한 구분방법이 아주 정확한 것은 아니다. 대량생산품 중에서도 주문을 받아 생산하는 것이 있고, 수량이 얼마 되지 않아도 예측해서 만드는 것이 있기 때문이다. 결국 계획생산을 할 것인가 주문생산을 할 것인가는 정책적으로 결정해야 한다. 가령 과거 퍼스널 컴퓨터는 판매예측을 통한 계획생산을 했었다. 그러나 최근에는 여러 기업들이 주문생산 방식으로 전환하고 있다.

일반적으로 대부분의 기업은 계획생산이 아닌 주문생산을 선호한다. 왜냐하면 계획생산을 하게 되면 반드시 제품의 과부족이 생기기 때문이다. 그럼에도 불구하고 계획생산을 하는 이유는 고객이 희망하는 납기를 제때에 맞추기 위해서이다.

예를 들어 TV를 구입하고자 하는 고객은 늦어도 수일 내에 납품받기를 원할 것이다. 그런데 만약 주문을 받고 나서 만들기 시작한다면 많은 시간이 걸려 납기를 맞추지 못하게 된다. 이처럼 납기가 길어지면 시장에서의 경쟁력을 상실하게 된다.

반대로 생산하는 데 소요되는 기간이 짧고, 주문을 받아 생산을 시작해도 납기를 맞출 수 있는 경우에는 주문생산 방식을 취해야 한다.

반복형 생산과 주문설계형 생산

반복형 생산이란 말 그대로 제품을 반복해서 만드는 것이다. 다시 말해 설계데이터나 제조데이터가 동일하여 기존의 데이터베이스를 반복해서 사용하는 방식이다. 따라서 반복형 생산은 생산을 마쳤을 때 방대한 데이터를 신속하고 효율적으로 처리할 수 있다는 장점이 있다.

반면에 주문설계형 생산은 반복형 생산과 달리 참조할 수 있는 설계나 생산 데이터베이스가 없기 때문에 제품을 생산할 때마다 일일이 설계도를 만드는 방식으로, 이러한 업무는 대부분 기술부문에서 담당한다. 즉, 주문설계형 생산에는 설계나 생산기술 등의 엔지니어링 공정이 포함되는데, 이처럼 설계나 생산기술을 생산관리 범주에 포함시키는 점이 반복형 생산과의 차이점이라고 할 수 있다.

생산관리의 유형

생산의 유형을 나타내는 분류방법으로 다품종 소량생산과 소품종 대량생산이 있는데, 이는 상당히 애매한 표현이다. 왜냐하면 몇 종류 이상이면 다품종이고, 또 몇 개 이하이면 소량인지에 대한 확실한 기준이 전혀 없기 때문이다. 따라서 이러한 생산관리의 유형에 따른 분류는 생산관리 측면에서 볼 때 그리 중요한 내용은 아니다.

공장이나 생산의 성격을 파악하는 목적은 가장 적절한 생산관리시스템을 선택하기 위한 것으로 다음과 같이 이미 설명한 3가지 방법을 기본으로 하여 이들의 조합을 통해 확실한 생산의 유형을 얻을 수 있다.

주문주택과 자동차의 예를 살펴보면 생산유형을 쉽게 이해할 수 있다. 다음 도표에서 생산형태의 수는 '$2 \times 2 \times 2 = 8$'이 되는데, 생산관리의 방식은 이와 같은 생산형태를 고려해서 선택할 필요가 있다.

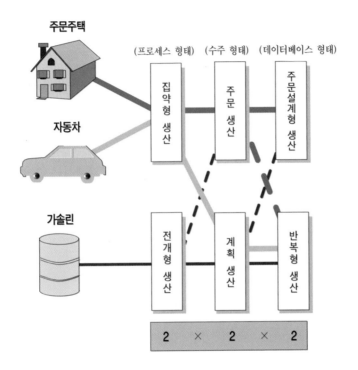

08 생산관리의 3가지 기본축

생산관리는 제품을 생산하는 기업에 있어서 간과해서는 안 될 중요한 경영기술로서, 그 내용을 살펴보면 크게 계획·준비·진척이라는 3개의 기본축으로 이루어져 있다.

계획

먼저 일반적인 '계획'의 정의를 살펴보기로 하자. 계획의 사전적인 의미는 '목적·의도·계략·기획'이라 할 수 있는데, 이는 계획의 본질을 잘 나타낸다고 할 수 없다. 따라서 좀더 깊이있게 살펴보면 어떠한 계획이든 다음 3가지의 공통점이 있다.

① 계획은 입안자의 의사를 표명한다

이것을 생산관리에 적용하면 공장의 책임자는 생산계획에 따라 각 부문에 생산과 관련된 구체적인 내용을 표명한다고 할 수 있다. 다시

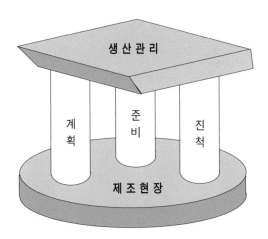

말해 생산과 관련된 의사를 생산과 관련이 있는 전 부문에 표명한다.

② 계획은 현재와 미래를 연결하는 타임캡슐이다

납기에 맞춰 생산을 하기 위해서는 현시점부터 납기라는 미래까지의 시간대에 관계자가 해야 할 일을 모두 배정해야 한다. 즉, 지금 해야 할 작업, 내일 해야 할 작업, 다음주부터 시작할 작업 그리고 다음달 그 다음달의 작업 등 확실한 스케줄이 필요하다. 이러한 계획에 따라 사전작업이 준비되어야 생산을 효율적으로 진행할 수 있다.

③ 계획은 그 자체가 정합성(整合性)인 체계이다

제품을 만들기 위해서는 여러 각도에서 접근해야 한다. 예를 들어 재료에 대해서는 어떤 종류의 것을, 언제까지, 몇 개 조달할 것인지 그리고 사용할 설비에 대해서는 어느 기계를 몇 시간 가동해야 하며, 또 배치인원은 몇 명으로 하여 어떤 직종으로 할 것인가 등을 생각해야 한다.

이러한 항목은 지극히 복잡하기 때문에 개별적으로 판단하기보다는 목적에 맞도록 모두 정합해야 한다. 즉, 생산계획에는 수준 높은 정합성이 필요하다.

준비

생산계획에 포함되는 내용은 생산을 담당하는 전원, 즉 계획입안자 주변에 있는 모든 사람들에게 그 의도하는 바를 빠짐없이 전달해야 한다. 다시 말해 계획된 내용은 전표·팩스·전화 등 모든 정보매체를 이용하여 관련자에게 알릴 필요가 있는데, 이것을 '생산준비'라고 한다.

준비를 위한 정보는 그 종류나 수량이 매우 방대하다. 예를 들어 재료를 준비하는 업무에 대해 살펴보자. 우선 계획된 재료는 상비품으로 창고에 보관할 것인지 아니면 수시로 주문해서 조달할 것인지를 결정해야 하며, 처음 사용하는 재료라면 거래처를 어디로 할 것인지도 결정해야 한다. 만약 A거래처로 결정되었다면 주문서를 발행하여 제시해야 하는데, 주문서에는 거래처·품명·수량·단가·금액·납기·납품장소·지불조건 등의 정보가 기재된다. 마찬가지로 외주공장에 작업을 의뢰할 때에도 주문서가 필요하다.

생산준비는 공장 내에서도 필요하다. 공정이나 작업자의 작업계획을 전달하기 위해서는 작업지시전표를 발행해야 하며, 재료창고에 대해서는 계획에 따라 원료나 부품을 출고시키기 위한 출고지시전표를 발행해야 한다.

생산계획을 입안한다 하더라도 그 내용이 생산에 관계된 전원에게 전달되지 않는다면 업무를 진행할 수 없다. 따라서 생산을 분담할 구성원의 수가 아무리 많다 해도 그 한 사람 한 사람에게 품명·수량·납기·제조방법 등을 구체적으로 전달해야 한다. 이때 전달내용을 상세히 하는 것은 물론 모두가 상호 융화될 수 있도록 해야 한다.

이처럼 준비정보의 처리는 양이나 종류가 다양할 뿐만 아니라 정밀함이 요구되기 때문에 최근에는 거의 컴퓨터로 처리하고 있다.

진척

아무리 좋은 계획을 세웠다 하더라도 실행하지 않으면 아무 소용이 없다. 즉, 모든 계획은 구체적으로 실행되어야 비로소 그 효과를 볼 수 있다. 생산계획의 경우도 그대로 실행될 지 여부를 수시로 확인하고 만약 지연된다면 이에 대한 만회수단을 강구해야 하는데, 이러한 활동을 생산관리에서는 진척관리라고 한다.

진척관리를 하기 위해서는 절대진척과 상대진척의 2가지를 파악해야 한다. 절대진척이란 언제, 무엇이, 어디에, 얼마나 있는가를 명확하게 하는 것이다. 종종 이 질문에 확실히 답하지 못하는 공장이 있는데 이는 바꿔 말하면 현품관리(現品管理)가 잘 되지 않는다는 것을 의미한다.

한편 상대진척이란 계획과 실적을 비교했을 때의 차이를 말한다. 예를 들어 납기가 2월 10일로 되어 있는데 2월 12일에 완성했다면 계획과 실적의 차이는 2일이 된다. 다시 말해서 상대진척은 2일이 늦어진 것이다.

절대진척정보, 즉 현품관리정보는 진척관리에 있어 가장 기초적인 것으로서 정확성과 신속성이 요구된다. 그러나 이것만으로는 현품의 실태만 이해할 수 있을 뿐 지연상태나 진행상태는 파악하기 어렵다. 따라서 진척관리를 위해서는 절대진척정보 외에도 계획정보를 대비한 상대진척정보가 필요하다.

여하튼 진척관리에서는 정보가 부족해서는 안 된다. 과거 생산관리에서는 이 진척에 관한 정보의 수집이 상당히 어려웠다. 왜냐하면 담당자가 진척상황을 파악하기 위해서는 공장 현장이나 외주거래처를 직접 돌아다녀야 했기 때문이다. 그러나 요즘에는 진척업무의 대부분을 컴퓨터로 처리함으로써 사무실 내에서도 진척사항을 파악하기가 용이해졌다.

생산관리의 매니지먼트 사이클

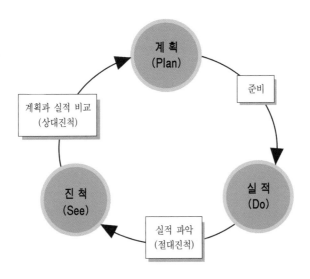

09 칸반시스템

생산관리기법 가운데 가장 대표적인 것으로 도요타자동차가 오랜 기간에 걸쳐 개발해낸 '칸반시스템(간판(看板)시스템)'이 있다.

칸반(KANBAN)이란 품명·수량·납기 등을 기입한 카드로서 겉으로 보기에는 별다른 특징이 없다. 그러나 이 카드가 위력을 발휘하는 이유는 그 배경에 도요타의 독자적인 생산에 대한 사고방식과 그것에 기인한 생산체계가 있기 때문이다.

철저한 낭비의 배제

다음의 도표는 도요타의 생산관리시스템 체계를 나타낸 것이다. 도요타의 생산에 대한 사고방식은 한마디로 '철저한 낭비의 배제'라고 할 수 있는데, 생산관리 측면에서의 대표적인 낭비요소를 살펴보면 다음과 같다.

도요타의 생산관리시스템 체계

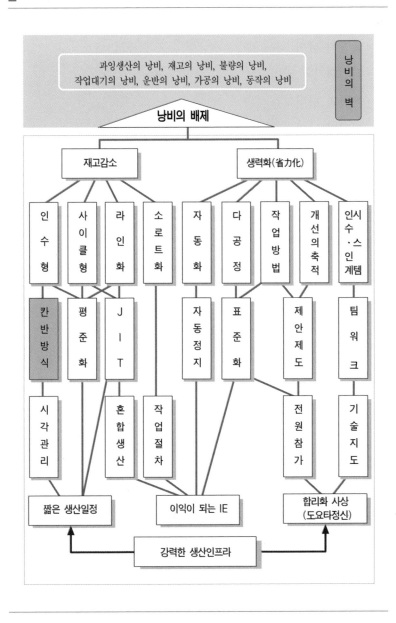

- 과잉생산의 낭비
- 재고의 낭비
- 불량의 낭비
- 작업대기의 낭비
- 운반의 낭비
- 가공의 낭비
- 동작의 낭비

도요타의 생산자원, 즉 생산설비·기술·종업원·정보시스템 등은 모두 최고의 수준이라고 할 수 있다. 그러나 아무리 강력한 생산설비를 갖추었다고 하더라도 그것 자체가 경쟁업체를 압도할 만한 경쟁력이 되지는 않는다. 따라서 이러한 생산자원 능력을 100% 발휘할 수 있는 조직체제와 경영관리가 무엇보다 중요하다.

이러한 측면에서 볼 때 도요타자동차의 생산관리시스템은 상당히 뛰어나다고 할 수 있다. 결국 도요타식 생산의 핵심은 종합력에 있으며, 이를 통해 각종 낭비요소를 철저하게 배제하고 있다.

도요타정신의 합리화 사상

앞 도표에서 보는 것처럼 종합력은 몇 가지 요소를 기반으로 성립된다. 그 중 가장 대표적인 것이 '도요타정신'으로 일컬어지는 독특한 합리화 사상으로, 이것이야말로 도요타 생산시스템의 근간을 이루고 있다.

마른 수건을 쥐어짤 만큼 철저한 도요타정신을 지탱하는 것은 모든 임직원이 참여하는 연간 70만 건을 넘는 제안제도이다. 제안의 대부분은 공장 현장에서 이루어지는데 이것이 가능한 이유는 세밀한 기능지도와 팀워크가 확립되어 있기 때문이다.

개선기술로서의 IE

한편 낭비를 제거하는 개선기술에도 도요타다운 독특함이 있다. 가장 대표적인 개선기술로는 산업공학(IE : industrial engineering)이 있는데, 도요타에서는 이것을 '사업이 되는(이익이 되는) IE'라는 사고방식으로 더욱 발전시켰다.

예를 들면 IE에서는 작업자가 하는 일을 자세하게 분석해서 낭비되는 동작을 제거한다. '사업이 되는 IE'에서는 그와 같은 공수(工數, 생산을 위해 소비되는 업무량으로 통상 시간단위로 표현된다) 삭감률에 따라 작업자를 실제 어느 정도 줄였고 이에 따라 실제 인건비를 얼마만큼 삭감하였는지가 주요 평가지표가 된다. 왜냐하면 0.8인이라고 하는 작업자는 존재하지 않기 때문에 아무리 공수가 줄더라도 작업자를 줄이는 것은 불가능하다. 모처럼의 개선효과도 계산상의 자기만족에 지나지 않는다고 생각하기 때문이다.

또한 작은 로트생산을 가능하게 하는 단일절차가 있는데 강판 프레스가공의 경우 가공품의 형태가 변하면 거기에 맞춰 금형을 대체해야 한다. 이전에는 이러한 금형을 대체하는 데 많은 시간이 걸렸고 대체하는 동안에는 가공을 중단해야 했다.

만약 하나의 프레스형으로 가공하는 생산로트를 1일분, 다시 말해서 8시간분이라고 한다면 거기에 대응하는 절차를 위한 휴식시간은 수시간에 해당되기 때문에 순가동시간의 비율은 그리 많지 않다. 따라서 그 비율을 올리기 위해서는 로트수를 많게 하는 수밖에 없는데 이 경우 다품종 소량생산이라는 시대의 요청에 응할 수 없게 된다.

그러나 '사업이 되는 IE'에서는 이 절차시간을 10분 이내로 줄일 수 있으며 이에 따라 소규모 로트생산이 비로소 가능하게 된 것이다.

생산일정(lead time)의 단축

도요타 생산시스템의 또 하나의 특징은 생산일정(lead time)이 굉장히 짧다는 것이다. 생산일정을 짧게 하기 위해서는 여러 가지 방법이 필요한데 우선은 재고량을 감소시켜야 한다. 이를 위해서는 생산의 평준화나 JIT(Just In Time)의 체제가 필수적인데, 로트사이즈를 적게 하는 것도 중요한 조건 중의 하나이다.

도요타 생산시스템은 이들 하나하나를 개선하여 유기적으로 종합한 것이라 할 수 있다. 앞에서 설명한 칸반시스템도 이러한 도요타 생산시스템의 배경에 의해 성립된 것으로, 여기서 칸반 그 자체는 작업지시나 재료 등의 입고지시를 하기 위한 정보매체에 지나지 않지만 도요타 생산시스템의 상징이라고 할 수 있다.

다음 그림을 통해 칸반시스템의 흐름을 살펴보기로 하자.

칸반의 3가지 유형 : 입고칸반, 생산칸반, 인수칸반

칸반을 위해서는 몇 가지의 변화가 필요한데 크게 나누어 입고칸반, 생산칸반, 인수칸반의 3종류가 있다.

입고칸반은 외주공장에서 자사공장으로 재료나 부품을 납품하기

칸반의 흐름

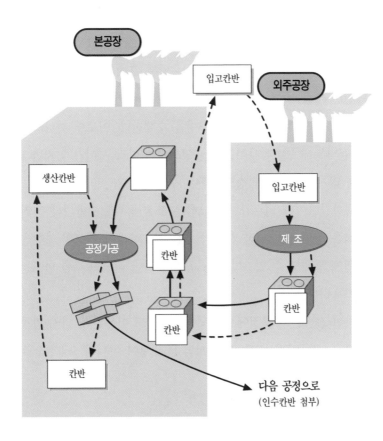

위해서 이용한다. 우선 외주공장에서는 칸반이 지시하는 품명·수량·입고장소·입고일시 등을 확인한다. 그 다음 지시를 통해 해당 물품을 용기에 넣고 칸반을 첨부해서 공장의 지정장소로 운반한다.

그러면 공장에서는 가공담당자가 납품된 재료를 사용할 때 첨부되어 있는 입고칸반을 다른 소정의 장소에 보관하고 재료만을 가져간다. 외주공장에서 온 납품담당자는 납품 후에 보관되어 있는 칸반을 확인한 다음 비어 있는 용기를 가지고 돌아가며, 외주공장에서는 이 칸반의 지시에 따라서 다시 공정을 수행한다. 이로써 하나의 사이클이 끝나는데 1일당 사이클수는 생산량에 따라 차이가 있지만 적게는 1회, 많게는 수십 회 정도(보통은 수회 정도)가 된다.

생산칸반이나 인수칸반의 흐름은 조금씩 다르지만 기본적인 사고방식은 동일하다. 결국 칸반의 유통량에 따라서 재고의 상한을 자연스럽게 통제할 수 있는데 어느 공정도 칸반 이상의 수를 만드는 것은 불가능하다.

한편 칸반은 후공정에서의 납품요구에도 이용된다. 다시 말해 일반적으로 이루어지는 전공정에서의 Push형이 아니라 Pull형으로 작업이 수행된다는 것이다.

1 0 MRP시스템

MRP(자재소요계획)시스템

국제표준(global standard)에는 공적표준과 사실상 표준의 2가지가
있다. 전자는 국제적인 표준화기관에서 제정된 표준을 말하고, 후자
는 시장에서의 치열한 경쟁을 통해 실질적으로 표준화된 것을 말한
다. 후자의 대표적인 예로는 마이크로소프트사의 운용시스템(OS :
Operating System)인 윈도(windows)를 들 수 있다.

최근 생산의 글로벌화가 활발하게 이루어짐에 따라 생산관리시스
템에서도 사실상 표준이 요구되고 있는데, 이러한 표준의 후보로 자
주 등장하는 것이 바로 도요타의 칸반시스템과 MRP시스템이다.

MRP(Material Requirement Planning, 자재소요계획)란 어떤 제품을 생
산하는 데 있어서 생산수량에 맞춰 재료나 부품을 조달할 때 적용되는
부품전개기법을 의미한다. 그리고 이러한 처리를 하는 데 있어 컴퓨터
를 활용하는 시스템을 ARP(Accounting Requirement Planning)라고 한다.

MRP시스템에서의 부품전개방식

다음의 부품구성을 보면서 MRP에 대해 좀더 구체적으로 살펴보기로 하자. 이 그림은 제품 A가 어떤 부품으로 구성되어 있는지를 나타내고 있다. 우선 제품 A(1개)는 부품 b(2개), 부품 c(4개)로 구성되어 있다. 그리고 부품 b(1개)는 부품 e(1개), 부품 f(2개)로 구성되어 있다. 즉, 각 부품의 개수는 그것의 상위부품 1개에 대한 개수를 의미한다. 이처럼 제품과 부품간의 구성내용을 나타낸 것을 '부품구성표'라고 한다.

부품구성표를 이용하면 부품의 계층이 아무리 늘어나도 동일한 방법으로 표현할 수 있다. 부품구성표는 단위제품, 다시 말해 제품 1개를 모델로 하기 때문에 제품의 수에 따라 필요한 구성부품의 수도 달라진다. 예를 들어 제품 A의 생산수량이 5개라면 각 부품의 필요수량은 다음과 같다.

- 부품 b → $2 \times 1 \times 5 = 10$
- 부품 c → $4 \times 1 \times 5 = 20$
- 부품 e → $1 \times 2 \times 5 = 10$
- 부품 f → $2 \times 2 \times 5 = 20$

이와 같이 제품 A를 5개 만드는 데 필요한 부품의 품목과 수량의 계산, 즉 부품전개를 할 수 있으며 이 단계에서 계산된 수량을 총소요량이라 한다. 이후에는 순소요량을 계산하는 절차가 필요하다. 왜냐하면 상기 총소요량은 제품을 생산하는 데 필요한 물량으로서 회사가 보유하고 있는 재고를 파악해야 실제 필요한 소요량을 계산할 수 있기 때문이다. 예를 들어 부품 f의 총소요량은 20이지만 재고가 8개

제품 A의 부품구성

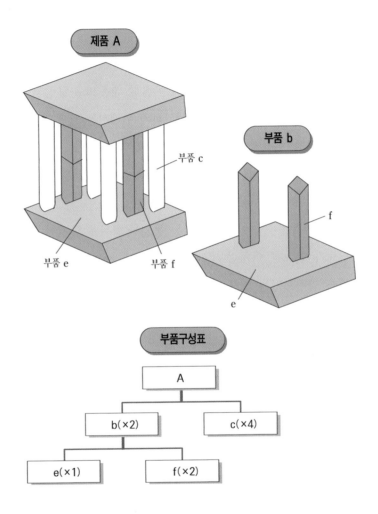

있다면 실제 필요한 수량은 12개가 된다. 이와 같이 총소요량에서 재고수량을 뺀 수량이 바로 순소요량이 된다.

MRP시스템에서의 부품조달방식

이상은 MRP의 가장 기초적인 기능을 단순화해서 설명한 것으로 실제 생산관리에 적용되는 MRP는 더 복잡한 내용으로 구성되어 있다. 예를 들어 납기에 따라 제품을 생산하기 위해서는 조달기간을 감안해야 한다. 즉, 원료를 발주하여 입고될 때까지의 소요기간을 조달기간이라고 하는데 회사는 이 기간 동안 생산을 계속할 수 있도록 적정한 수준의 재고(안전재고)를 보유해야 한다.

그리고 생산효율을 높이기 위해서는 동일한 품목을 합쳐서 로트화시킬 필요가 있는데, 이처럼 생산활동을 원활하게 유지하기 위한 모든 요건을 만족시키는 생산관리시스템이 바로 MRP이다.

다음 페이지에 나오는 로직을 살펴보기로 하자. 제품 A의 생산계획에 따라 부품 b의 조달계획을 수립한다. 이때 앞에서 설명한 부품구성표 외에 필요한 데이터는 다음과 같다.

- 제품 A의 생산일정 : 2일
- 부품 b의 로트사이즈 : 10개

MRP에 제일 먼저 기준생산계획 자료를 입력한다. 이 사례에서는 제품 A에 대해 5월 1일부터 5일까지의 기준생산계획이 이에 해당된다. 다음에는 부품 b의 총소요량계획을 수립한다. A에 대한 b의 구성수는 2개이다. 따라서 5월 1일의 A제품 3개에 대해 같은 날 부품 b의

품명	계획의 내용		5월					
			1일	2일	3일	4일	5일	6일
A	기준생산계획		3	2	1	3	4	~
b	총소요량계획		6	4	2	6	8	~
	재고계획	2	3	3	3	3	4	~
	순소요량계획		7	4	(2)	6	9	~
	조달납기계획		(2)	6	7	3	11	~
	로트계획		10		10		10	~

총소요량은 6개가 되며 나머지도 동일하게 계산한다.

5월 1일 이전에 재고가 없다면 자재수급계획으로 조달해야 할 부품 b의 수량은 6개이다. 그러나 부품 b의 재고계획을 보면 이월재고가 2개로 되어 있으므로 이것을 공제하면 순소요량은 4개가 된다.

다만 이 계산에서는 다음 날로 넘어가는 이월재고를 제로로 하고 있다. 생산이 계획에 따라 정확하게 이루어지는 경우에는 이처럼 재고가 없는 것이 가장 이상적이지만 실제로 이런 경우는 매우 드물며, 종종 예기치 못한 문제가 발생하여 계획대로 되지 않을 때도 많이 있다. 따라서 일반적으로는 안전대책으로 약간의 재고를 보유하게 된다. 이처럼 회사가 안전재고를 감안하여 수립하는 것이 바로 재고계획이며, 순소요량 계산에서는 안전재고 수량을 감안해야 한다.

5월 1일의 사례에서 안전재고 수량 3개를 감안하면 순소요량은 다음과 같이 계산된다.

총소요량(6) − 이월재고(2) + 안전재고(3) = 순소요량(7)

로직에 나타난 5월 1일~5일까지의 순소요량계획 수량 7, 4, 2, 6, 9는 모두가 이와 같은 계산식에 따라 산정된 것이다.

다음으로 부품 b의 납기를 감안하여 조달기간을 수립한다. 여기서 제품 A의 생산일정 2일을 고려해야 한다. 다시 말해 제품 A의 조립에 2일이 소요되므로 부품 b는 생산계획에 맞춰야 한다. 즉, 제품 A의 생산계획보다 납기를 2일 선행시켜야 한다.

로직을 보면 5월 3일에 있어서의 A의 기준생산계획은 1개이고, 이에 대응되는 b의 순소요량계획은 2개이다. 따라서 b의 조달납기는 이것보다 2일 선행하는 5월 1일이 되어야 한다.

마지막으로 MRP에 포함되어 있는 로트계획에 대해 살펴보기로 하자. 이 사례에서 부품 b의 로트사이즈는 10개로 되어 있다. 다시 말해 부품 b를 구입하기 위해서는 최소한 10개 단위로 주문해야 한다는 것을 의미한다. 5월 1일~5일까지 b의 조달납기계획은 2, 6, 7, 3, 11이 되며, 이의 누계는 2, 8, 15, 18, 29가 된다. 따라서 로트사이즈가 10이므로 예정을 앞당겨 10, 20, 30이 되도록 해야 한다. 말하자면 로직과 같이 5월 1일, 5월 3일, 5월 5일이 각각 로트계획일이 된다.

11 제조번호시스템

제조번호시스템

일반적으로 공장에서는 여러 종류의 제품을 만들게 되며, 이를 관리하기 위해 한 건 한 건마다 번호를 붙이게 된다. 여기서 한 건이라고 하는 것이 곧 한 개를 의미하는 것은 아니다. 동일한 제품을 여러 개 만들면서 한 건으로 처리하는 경우도 있고 단일품목이 아닌 몇 개의 품목을 한데 모아서 1건, 즉 하나의 제조번호로 하는 경우도 있다. 결국 제조번호란 1개로 합쳐진 생산로트에 붙여지는 코드명으로서, 공장에서는 이 제조번호에 따라서 생산에 필요한 모든 업무를 통제한다. 다음의 도표를 보면서 자세히 살펴보기로 하자.

예를 들어 제조번호 123에 필요한 재료를 구입할 때는 주문서에 품명이나 수량 이외에 반드시 제조번호 123을 기입해야 한다. 외주를 지시하거나 조립작업을 지시할 때도 이와 같이 123을 기입한다.

공장에서는 언제나 다양한 제품을 생산하게 되는데 이때 각각의 제

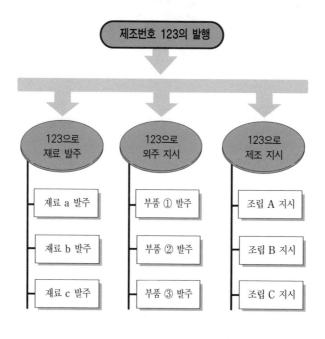

품에 제조번호를 붙이게 되면 확실하게 구별할 수 있을 뿐더러 혼란을 막을 수도 있다. 이와 같이 제조번호를 통해 생산을 관리하는 방법을 제조번호시스템이라고 한다.

제조번호시스템의 장점

제조업의 가장 일반적인 생산관리방법이 바로 제조번호시스템이다. 이 시스템은 처음에는 선박이나 대형 제조설비같은 주문설계형 생산에 주로 이용되었으나 차츰 적용범위가 넓어져서 생산량의 다소에 상관없이 계획생산이나 주문생산에도 적용되고 있다.

이처럼 제조번호시스템이 보급된 이유는 무엇보다 이해하기 쉽기 때문이다. 예를 들어 제조번호별로 원가계산을 할 때에는 납품서나 출고표·작업전표 등에 기입된 실적치를 제조번호 코드별로 분류·집계하면 된다. 또한 제조번호가 부여되어 있는 부품이나 작업정도를 추적하면 특정 제조번호의 진척상황을 파악할 수도 있다.

제조번호시스템의 기본적인 사고방식은 생산을 한 건씩 구별해서 관리하는 것이다. 반면 이러한 제조번호시스템과 대조적인 것으로 계속형 생산시스템이 있다. 이는 제조번호가 아닌 기간으로 제품을 구분하여 관리하는 방법으로서, 기간관리형 시스템이라고도 하며 MRP 시스템·누계번호시스템(SNS) 등이 그 대표적인 예이다.

제조번호시스템의 문제점

제조번호시스템은 기간관리형 시스템에 비해 공통재료나 부품의 관리가 다소 어려운 편이다. 특정 부품이 몇 개의 제조번호로 사용되는 경우 기간관리형 시스템은 이것을 집계해서 일괄배분하면 로트효과를 도출할 수 있다. 그러나 제조번호시스템은 건별로 독립되어 있기 때문에 이것을 집계하기가 쉽지 않은 데다가 계획의 변경도 빈번하여 업무량이 많아진다. 최근에는 이러한 문제를 해결하기 위해 제조번호시스템을 대폭 개선하여 기존의 단점들을 많이 보완하였다. 그러나 한편으로는 기존의 정의로는 설명하기 어려운 시스템도 생겨나는 등 제조번호시스템의 가장 큰 특징인 단순함이 꽤 복잡해졌다.

1 2 누계번호시스템(SNS)

누계번호시스템

누계번호시스템(SNS, Sequence Numbering System)이란 어떤 제품을 생산하는 데 필요한 재료나 부품을 완전히 소진하여 하나의 여분도 없이 생산하는 것을 말한다. 이 개념에 따라 회사가 사용하는 모든 재료나 부품에 제품생산계획과 관련된 번호를 붙이는데 바로 이것이 누계번호(Sequence Number)이다. 이 번호에는 2개의 의미가 있다. 하나는 부품 하나하나를 구별하는 번호이고, 또 하나는 이를 계산하여 합한 번호를 말한다.

SNS의 사례

다음 도표를 살펴보기로 하자. 제품 A는 부품 a(3개), 부품 b(2개)로 구성되어 있다. 이 제품의 생산을 SNS로 계획하면 표와 같이 된다. 우선 A의 6월 1일~5일까지의 계획을 보면 1행에 5, 1, 2, 3, 2라고

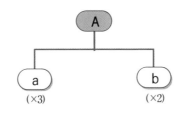

품명	6월				
	1일	2일	3일	4일	5일
A	5 *5*	1 *6*	2 *8*	3 *11*	2 *13*
a	15 *15*	3 *18*	6 *24*	9 *33*	6 *39*
b	10 *10*	2 *12*	4 *16*	6 *22*	4 *26*

기입되어 있고, 2행에는 5, 6, 8, 11, 13으로 기입되어 있는데, 이것이 바로 누계된 번호이다.

마찬가지로 A를 구성하는 부품 a의 계획은 15, 3, 6, 9, 6으로 기입되어 있는데, 이것은 A의 생산계획에 대응하는 개수로 3배가 된다. 따라서 그 누계(sequence number)도 15, 18, 24, 33, 39와 같이 3배가 된다. 부품 b도 마찬가지로 계산된다.

누계번호는 계획만이 아니라 진척을 파악하는 데에도 이용된다. 예를 들어 부품 a의 완성실적의 누계가 6월 5일 현재 30개인 경우 이에 대응하는 계획은 39라는 것을 알 수 있다. 다시 말해 현재 생산수량이 계획에 비해 9개가 늦어지고 있다는 것을 알 수 있다.

이와 같이 관리하면 모든 재료나 부품의 공정별 진행이나 지연을 신속·정확하게 파악할 수 있다. 이것이 SNS의 특징으로 계획과 실적을 이원적으로 관리할 수 있는데, SNS의 이원적 관리란 계획데이터의 작성과 실적데이터의 수집·작성을 전혀 다른 시스템으로 하는 것을 말한다. 이러한 계획과 실적의 이원관리는 계획의 변경이 지극히 간단하다는 장점이 있다.

SNS에서의 계획과 실적의 대비

계획을 수립하는 방법은 이처럼 간단하게 설명할 수 있지만 실적은 품목별·공정별로 완료될 때마다 누계를 해야 한다(이 단계에서는 계획과는 전혀 관계없이 집계된다). 생산의 진행 정도는 계획데이터와 실적데이터를 품목·공정·일정을 기준으로 하여 대비함으로써 파악할 수 있다.

일반적으로 계속형의 생산계획에서는 이월재고가 계산의 출발점이 된다. 이월재고는 일종의 실적으로서 계획과 실적이 일체화된 것이라고 할 수 있다. 따라서 계획을 신속하게 세우기 위해서는 이월실적 데이터를 수집해야 하는데 현실적으로 실적자료를 수집하는 데는 많은 시간이 소요된다. 이 때문에 계획변경의 정보처리가 신속하게 이루어지지 못하게 된다.

요즘과 같이 경영환경의 변화가 극심한 때일수록 계획의 변경은 일상적으로 이루어지게 된다. 다시 말해 계획변경이 쉽지 않으면 생산관리의 유연성이 떨어질 수 있는데 이러한 계획변경을 용이하게 해주는 것이 바로 SNS이다.

SNS의 특징

SNS의 또 다른 특징으로 그에 따른 생산을 들 수 있다. 다시 말해 재료나 부품의 필요수량은 제품의 생산계획과 직결된 SNS를 통해 지시하게 되는데, 이는 곧 총소요량 계산만으로도 충분하다는 것을 의미한다.

MRP에서 설명한 것처럼 일반적으로는 재고수량에 따라 총소요량과 순소요량의 차이가 발생한다. 만약 재료나 부품 단계에서 재고수량을 제로로 하게 되면 결국 총소요량과 순소요량은 일치하게 된다. 다시 말해 모든 재료나 부품의 생산계획을 제품생산계획과 직결시켜 수립한다면 굳이 재고를 보유할 필요가 없게 된다. 이에 반해 MRP에서 계산되는 재료나 부품의 수급계획은 대응하는 제품을 사전에 정하기 어려운 데다가 불특정 니즈(needs)를 상정하고 있기 때문에 안전재고가 필요하다.

SNS의 공정흐름 : 스톡과 플로

SNS의 특징으로 계획과 실적의 분리 및 재고가 없는 상태를 설명했는데, 이러한 것이 가능한 이유를 다음 그림을 통해 살펴보기로 하자. 공장에서 이루어지는 생산은 스톡(stock)과 플로(flow)의 조합이 된다. 즉, 제조 중인 미완성품은 공정에서 공정으로 흘러가는 플로가 되지만, 공정간에는 가공이 끝난 부품의 재고(stock)가 있고 그 다음에

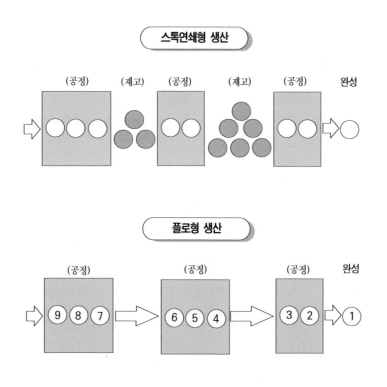

조립된 재고가 있다.

이처럼 공정과정에서 쌓이는 재고는 자칫 낭비처럼 여겨질 수도 있는데, 이러한 재고가 없다면 시장이 요구하는 납기에 신속히 대응하기 어렵다. 예를 들어 내일 당장 납품해야 할 상황이라면 실질적으로는 부품을 조립하기에도 빠듯한 시간이다. 따라서 주문을 받은 다음

재료를 조달하고 부품을 가공해서는 납기를 맞출 수 없다. 그러나 부품이나 조립품의 재고가 있다면 언제든지 납품을 할 수 있다.

최근 들어 '재고의 제로화'를 내세우는 기업이 많아졌는데 이는 비록 자사공장이 보유하는 부품재고는 없지만 하청공장 등에는 재고가 있어서 납기를 맞출 수 있기 때문에 가능한 일이다.

일반적인 생산관리시스템도 이와 같은 스톡연쇄형 생산, 즉 중간공정의 재고를 전제로 하여 설계된다. 따라서 총소요량 계산 외에 이러한 재고를 감안한 순소요량 계산이 필요하다. 이에 반해 SNS는 생산 전체를 공정의 연쇄, 즉 플로(flow)로 인식한다. 즉, 창고가 있다 하더라도 이를 창고라는 공정에 있는 미완성 제품으로 간주하는 것으로, 생산과정에 있는 모든 재료나 부품을 플로로 가정한다. 그 결과 그림에서 보는 것처럼 모든 품목에 누계번호를 부여할 수 있다. 즉, 공정을 일관성있게 통제할 수 있는 것이다.

따라서 수주계획이 바뀔 경우 생산계획도 극히 간단하게 변경할 수 있다. 이는 재고의 개념이 없어 총소요량만 계산하면 되기 때문이며, 총소요량 계산의 결과를 새로운 누계번호로서 다시 부여하면 된다.

스톡연쇄형의 경우는 SNS와 같이 일괄연쇄방식으로 공정을 통제할 수는 없다. 왜냐하면 그림에서 보듯이 공정 사이에 있는 재고데이터는 재고관리를 위한 별도의 시스템으로 처리되기 때문이다.

3장

생산계획과 일정계획

13 장·단기 생산계획

장기생산계획

생산계획에는 2가지 측면이 있다. 그 중 하나는 생산관리라는 드라마의 무대인 공장을 어떻게 구상할 것인가이다. 예를 들어 건물이나 기계설비 등을 설계하고 종업원을 배치하는 사안과 관련된 것으로서, 이를 위해 어떤 제품을 얼마만큼 만들 것인가를 사전에 결정할 필요가 있다. 현실적으로 일단 공장의 배치가 완료된 후에는 설비나 종업원의 변경이 쉽지 않기 때문에 장기적인 관점에서의 예측이나 계획이 필요하다. 이것을 생산방침이라고 하며, 장기생산계획·전략적 생산계획이라고도 한다.

단기생산계획

생산계획의 또다른 측면은 무대 위에서 실제로 드라마를 연출하기 위한 시나리오, 즉 협의의 생산계획이다. 일반적으로 말하는 생산계

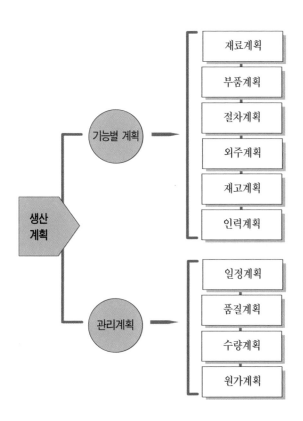

획의 대부분은 이를 의미하며, 여기에서는 수주한 주문을 얼마나 효율적으로 생산할 것인가가 중요한 테마가 된다.

생산을 효율적으로 하기 위해서는 공장업무를 기능별로 분업화해야 한다. 따라서 각각의 기능별 계획이 필요하다. 예를 들어 수주한 제품을 생산하는데 필요한 재료계획이나 부품계획을 수립해야 하는데, 이러한 계획이 수립되지 않으면 재료나 부품을 적절하게 조달할 수 없다. 여기서 적절한 조달이란 품목·수량·가격·납기의 모든 조건을 만족시키는 것을 의미한다.

또한 제조현장에서는 재료나 부품을 가공·조립하기 때문에 작업절차계획을 지시해야 하며, 이에 따라서 사용할 기계나 공구 및 가공방법을 공정별로 지시해야 한다.

기타 생산계획

이 외에도 외주계획·재고계획·인력계획 등 생산의 모든 기능에 대한 계획을 세워 사전에 통보함으로써 준비를 철저히 할 필요가 있다. 한편 이러한 각종 계획의 수정과 통합을 감안한 총괄적인 계획도 필요한데 일반적으로는 일정계획이 그 역할을 담당한다.

생산관리계획

지금까지 설명한 내용은 생산기능별 계획으로서 이와는 별도로 관리를 위한 계획이 필요하다. 관리계획에는 다음과 같은 4가지 유형의 계획이 있다.

- 품질계획(Quality)
- 수량계획(Quantity)
- 원가계획(Cost)
- 일정계획(Day, Delivery)

이러한 관리계획을 'QQCD 계획'이라 한다. 앞의 도표는 기능별 계획과 관리계획의 관계를 나타낸 것으로 생산계획은 이러한 기능별 계획과 관리계획을 조합하여 전체적으로 통합성있게 이루어져야 한다. 계획 중 일부가 결여되거나 계획간의 연결고리가 없는 경우가 종종 있는데 이렇게 되면 생산의 효율화를 기대할 수 없다.

14 제품 데이터베이스

생산계획을 수립하기 위해서는 여러 가지 데이터가 필요한데 그 중에서도 제품에 관한 데이터와 제조공정에 관한 데이터가 필요하다. 실제로 이용되는 데이터는 기업이나 공장에 따라 차이가 있지만 여기서는 가장 기초적인 것에 대해서 살펴보기로 하자.

제품 데이터베이스

생산계획을 수립하는 데 필요한 첫 번째 데이터는 제품의 데이터베이스이다. 이것의 근원이 되는 것은 제품의 설계도로서, 이는 시장조사서나 제품계획서 등을 기반으로 작성된다.

다음 도표는 제품의 기획부터 설계에 이르기까지의 과정을 나타낸 것이다. 도표에서도 알 수 있듯이 제품 설계는 기업 내 여러 부문과의 공동작업으로 이루어진다. 물론 최종적으로는 설계자가 결정하며 이에 따라 제품 데이터베이스를 결정하게 된다.

제품 데이터베이스를 만드는 프로세스

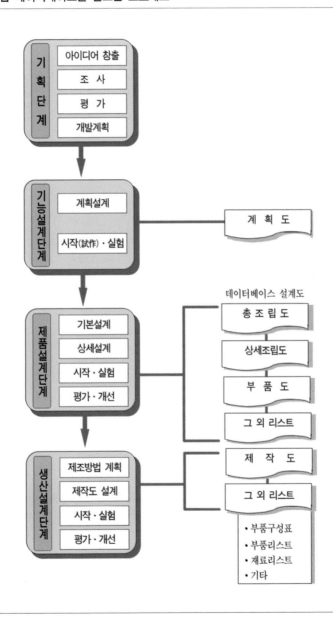

설계도의 작성

최근에 컴퓨터에 의한 정보처리가 일반화되면서 제품 데이터베이스도 그에 대응할 수 있도록 배열되는데 그 근원이 되는 것 역시 설계도이다. 설계도는 보통 몇 가지 종류를 조합해서 만드는데 설계도와 관련된 사례를 들면 다음과 같다.

- 총조립도
- 상세조립도
- 부품도
- 배선도
- 배관도
- 제작도
- 부품구성표
- 부품리스트
- 재료리스트
- 기타

실제 생산에서는 제품 데이터베이스 모두가 필요한데, 위의 설계도와 관련된 각각의 내용에 대한 설명은 생략하고 여기서는 생산관리에 있어서 특히 중요한 부품구성표에 대해서만 살펴보기로 하자.

부품구성표

다음 도표는 가스라이터의 부품구성표를 나타낸 것이다. 도표를 보면 최상위에 완성품이 있고, 그 하위레벨에 노즐유닛, 점화유닛, 케이

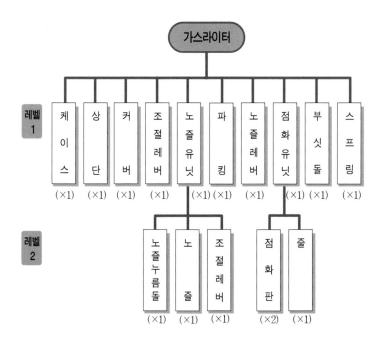

스, 조절레버 등의 부품이 함께 나열되어 있다. 이를 레벨 1의 구성부품이라고 한다. 각 품명 아래에 기입되어 있는 숫자는 '구성수'로서 이는 바로 상위의 품목(모부품)에 대해서 그 하위의 부품(자부품)이 몇 개 필요한지를 나타낸 것이다.

또한 한 단계 아래의 레벨, 예를 들면 점화유닛 아래에 있는 점화판은 레벨 2의 구성부품이라고 한다. 여기서는 자부품으로서 점화판의 구성수는 2개가 된다(가스라이터의 구성은 단순하기 때문에 레벨 3 이하는 없다).

물론 우리 주변에 있는 여러 가지 제품을 자세히 살펴보면 가스라이터보다 복잡한 것들이 많이 있다. 그러나 구성레벨이 몇 십 단계나 되는 복잡한 제품이라 하더라도 가스라이터와 같은 원리에 따라 표현할 수 있다.

컴퓨터에 의한 설계

과거의 생산관리에서는 부품구성표 등의 데이터베이스는 거의 사람 손으로 작성되었다. 그러나 요즘은 제품의 구성이 복잡하고 종류도 다양하여 수작업으로는 도저히 처리할 수 없다. 게다가 신제품의 개발도 빈번해져 데이터 등록을 하지 않으면 제조개시 일정을 맞추지 못할 수도 있다. 따라서 요즘에는 부품구성표 등의 데이터베이스까지도 컴퓨터로 작성하는 경우가 많다. 즉, 설계용 데이터베이스인 CAD(computer based design) 등을 이용하여 형식이나 내용이 변경되는 경우 자동적으로 설계를 변경하는 것이다.

이와 같이 생산관리의 제품 데이터베이스는 그 자체가 독자적인 전문기술이 되어가고 있다.

15 공정 데이터베이스

공정 데이터베이스

제품 데이터베이스, 즉 도면이나 부품구성표, 부품리스트 등은 재료나 부품의 명칭·형태·수법·수량 등을 나타낸다. 그러나 이러한 제품 데이터베이스는 어디까지나 완성된 제품의 상태만을 보여주는 것이기 때문에 재료를 어떻게 사용하고 그것을 어떤 공장에서 가공할지는 별도로 생각해야 하는데, 이를 공정계획 또는 작업절차계획이라고 한다.

따라서 공정계획에서 빼놓을 수 없는 것이 바로 공정 데이터베이스이다. 공정 데이터베이스는 제품 데이터베이스와 마찬가지로 몇 가지 종류가 있는데 주로 이용되는 것은 다음과 같다.

- 부품별 가공작업 절차
- 표준시간
- 표준로트

- 기준일정
- 리드타임(lead time, 생산일정)

다음 도표는 '조임쇠'라는 부품의 가공작업 절차 데이터베이스이다. 이 부품을 만들기 위해서는 공정분석이나 작업절차계획 등 일련의 업무가 필요한데 그에 대한 자세한 실행방법은 뒤에서 설명하기로 한다. 이 데이터베이스에는 부품명, 그림번호, 재료명, 치수, 공정명, 공정순서 외에 사용해야 하는 기계, 공구, 완성방법, 게이지 등이 포함되어 있다.

표준시간의 설정

작업에 필요한 사람 수나 그 기능레벨에 관한 데이터도 만들어야 한다. 표준시간도 중요한 공정 데이터베이스에 해당되는데 실제 공정을 하다 보면 동일한 부품이라도 작업시간에 차이가 발생한다. 따라서 표준작업자에 따른 표준조건을 설정해서 이때에 소요되는 시간을 표준시간으로 이용한다.

생산능력이나 생산부하의 계획에는 이 표준시간이 이용된다. 예를 들어 다음 도표의 제3공정을 보면 구멍을 뚫는 작업에 작업자 두 사람이 배정되고 1개당 0.51분의 표준시간이 설정되어 있다. 따라서 생산로트가 100개가 되면 필요한 공수(工數)는 51분을 계획해야 한다.

이 사례에서는 생략했지만 일반적으로 표준시간은 로트마다 일괄적으로 이루어지는 작업준비나 마무리를 위한 고정부분과, 가공수에 비례하는 변동부분으로 나뉘어진다. 고정부분은 1개를 만드는 경우

조임쇠의 가공절차 데이터베이스 예

부 품 공 정 카 드	제품명	단위		1대당개수		
	부품명	조임쇠		재료	BSP	처리	소둔 (燒鈍)
	그림번호	A-2 1 1 1		재료치수	1.6×9×72	중량	

공정 No.	공정명	작업 자수	1개당 작업시간	공구· 게이지	비 고
1	절 단	3	0.36분		완성품
2	프레스 공정	1	0.36분	지그(jig) 사용	
3	구멍 뚫기	2	0.51분		
4	마무리 작업	2	0.93분	노기스 (nonius)	

나 10개를 만드는 경우 모두 동일하지만 변동부분은 1개당 표준시간에 수량을 곱하여 계산되며, 이 고정시간과 변동시간을 합하면 그 로트의 표준시간이 산출된다.

표준로트의 설정

다음으로 표준로트에 대해 살펴보자. 로트란 10개, 50개와 같이 한번에 모아진 수량을 말하는데 공장에서는 이 로트를 생산품목이나 공정으로 표준화하게 된다.

로트수를 결정하는 방법에는 여러 가지가 있다. 가장 일반적인 방법은 경제로트 공식인데, 이는 바퀴로 운반할 때의 효율이라든지 꾸러미 형태 등 여러 가지 조건을 감안하여 결정할 수 있다. 예를 들어 재료의 조달단계에서는 발주로트와 수입로트의 2가지를 생각할 수 있다.

일반적으로 발주로트는 주문서와 일치하며, 수입로트는 이것이 분납되는 수량을 의미한다. 예를 들면 발주로트가 300인 경우 이것을 3회로 나누어 납품하면 수입로트는 100이 된다. 이와 같이 하면 수입측에서는 운전재고가 50이 되기 때문에 이득이 되며, 재고를 줄이려면 수입로트를 50으로 하면 된다. 최근에는 많은 기업들이 이러한 다빈도 소량 납품방식을 채택하고 있다.

일반적으로 계속 조달하는 품목의 수입로트는 대부분 표준화한다. 발주로트도 드물기는 하지만 표준화하는 경우가 있으며 1개월분, 반월분(15일분)과 같이 기간별로 합쳐서 납품하는 경우도 많이 있다.

공장 내의 공정에서 제조로트와 이동로트를 표준화하는 경우도 있

【수입로트가 100일 경우의 운전재고 】

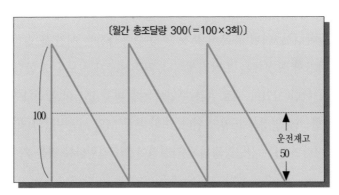

【수입로트가 50일 경우의 운전재고 】

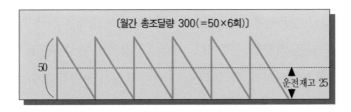

다. 제조로트는 작업지시와 일치하며, 이것을 더욱 분할하면 이동로
트가 된다. 제조로트와 이동로트의 관계는 발주로트와 수입로트의 관
계와 유사하다.

기준일정의 설정

기준일정도 생산계획의 중요한 데이터베이스에 해당된다. 기준일
정은 한마디로 '어떤 품목이 특정 공정을 통과하는 시간'을 말하는 것
으로 여기서 공정에는 조달거래처나 외주거래처가 모두 포함된다. 예
를 들어 어떤 기업이 재료 A를 구입하는데 평균 15일이 걸린다면 재료
A에 관한 기준일정은 15일이 된다. 또한 부품 M의 선반공정의 기준일정
이 2일이라면 이는 선반공정의 통과시간이 2일 걸린다는 것을 의미한다.

표준시간과 기준일정의 차이

여기서 특히 중요한 것은 앞에서 설명한 표준시간과 기준일정의 차이
이다. 다음 도표를 보면서 자세히 살펴보기로 하자.

X공정에 가공해야 하는 재료가 m개 있다. 이 중 a는 지금 가공 중
이며 b~m은 가공할 예정이다. 이때 X공정의 미완성품은 m개라는
수량으로 나타나지만, 작업시간을 고려하지 않으면 이를 일수로 나타
낼 수가 없다.

도표에서 미완성품 재료의 밑에 표시되어 있는 것은 가공에 필요한
표준시간이다. a는 8분, b는 12분, c는 5분이라고 되어 있는데 m까지
의 시간을 합하면 총 960분이 된다. 이것을 시간으로 환산하면 16시
간, 다시 말해서 하루 8시간씩 환산하면 2.0일분의 작업량이 된다.

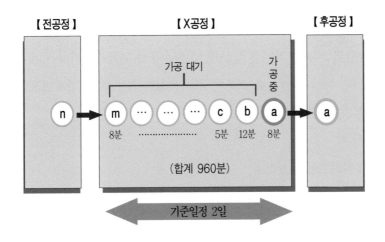

일반적으로 작업 중인 미완성품의 양은 매일 변동하는 것이 보통이다. 따라서 연간을 통틀어 평균일수를 계산하면 이것이 바로 기준일정이 된다. 이 사례에서는 기준일정이 2일로 되어 있는데 이는 앞 공정에서 도착한 m이 X공정을 통과한 것은 2일 후라는 것을 의미한다.

도표에서는 미완성품인 a, b, c … 를 단품으로 설명했지만 만약 이것이 로트인 경우는 어떻게 될까? 이 경우 a, b, c 각각은 단품이 아니라 복수제품이 되며, 이때도 단품과 마찬가지로 a, b, c 각각을 하나의 인식단위로 생각하면 된다. 다시 말해 a가 100개이고 그 중 60개가 가공이 완료됐다고 하더라도 이는 가공 중이라고 보아야 한다. 왜냐하면 로트 a는 100개가 모이지 않으면 완성되었다고 할 수 없기 때문이다.

리드타임의 설정

네 번째의 공정 데이터베이스는 리드타임(lead time)이다. 여기서 리드타임이란 제품 하나를 생산할 때 착수부터 완료까지의 소요시간을 말한다. 이는 한마디로 기준일정을 조합한 것으로, 조합방법으로는 크게 시리즈형과 패러랠(평행선)형의 2가지가 있다.

① 시리즈형 리드타임

다음 도표를 보면 부품 f는 X, Y, Z의 세 공정을 거쳐 완성된다. 이 경우 제1공정 X의 기준일정을 5일, 제2공정 Y의 기준일정을 8일, 제3공정 Z의 기준일정을 9일이라고 하자. 부품 f를 완성하는데 필요한 총 리드타임은 며칠이 되겠는가?

우선 제2공정 Y가 착수해야 하는 리드타임은 최종공정 Z로부터 역산하면 17일이 된다. 그리고 제1공정 X가 착수해야 하는 리드타임은 17일에 5일을 더한 22일이 된다. 따라서 부품 f를 완성하는데 필요한 총리드타임은 22일이 된다. 이처럼 시리즈형 리드타임은 가공부품이 통과하는 공정의 기준일정을 가산해서 계산하며, 이는 주로 개별작업형(job shop) 공장에 적용된다.

개별작업형이란 개별수주 생산공장에서 흔히 볼 수 있는 생산방식으로서 가공품은 선반이나 프레스 등 기종별 그룹으로 설정되어 있는 공정을 떠돌아다니는 형태가 된다. 즉, 라인편성이 아니기 때문에 공정경로 또한 정해져 있지 않다.

시리즈형 리드타임

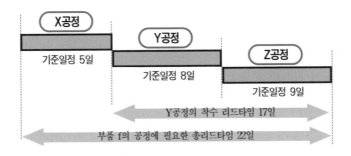

패러랠형 리드타임

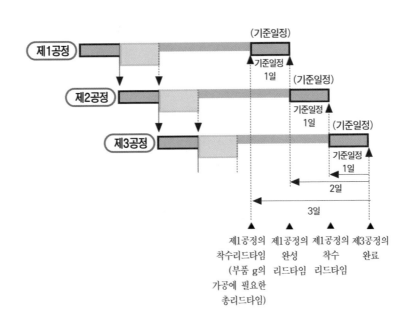

따라서 가공에 필요한 공정경로는 자유로이 선택할 수 있다. 그 대신 공정의 기준일정은 변동에 대응할 수 있는 여유가 필요하며 라인형보다 길어지게 된다.

② 패러랠(평행선)형 리드타임

대량생산을 하는 라인형 공장의 리드타임은 일반적으로 패러랠형이다. 라인형 생산의 특징은 모든 로트가 완성되기를 기다리지 않고, 이동로트 단위(컨베어 생산에서는 1개)로 연속적으로 전공정에서 후공정으로 운반되어 온다는 것이다. 따라서 도표와 같이 생산개시 시점과 종료시점을 제외한 나머지 중간시점에서는 각 공정을 병행하며 생산하게 된다.

앞에서 설명했던 것처럼 이동로트가 현품의 인식단위가 되기 때문에 기준일정도 거기에 맞추어 설정해야 한다. 예를 들면 이동로트가 0.2일분인 경우 기준일정은 $0.2 + \alpha$가 된다.

일정계획의 목표달성이 1일 단위인 공장의 경우는 소수점 이하의 일수는 의미가 없기 때문에 이 사례에서는 α를 크게 해서 기준일정을 1일로 하였다. 이 경우는 이동로트의 5단위가 동일한 납기가 되도록 계획하는 것이 가장 효과적이다.

이상을 전제로 하면 부품 g의 총리드타임은 며칠이 될까? 정답은 간단하다. 기준일정은 3공정과 모두 동일한 1일이므로 이것을 합하면 3일이 된다. 또한 제1공정의 납기가 되는 완성리드타임은 2일이 된다.

16 주문설계형 생산계획

앞에서 생산방식의 유형은 집약형, 전개형, 주문형, 계획형, 주문설계형, 반복형의 조합에 따라서 8가지로 분류할 수 있다고 하였다. 생산계획방식도 이론적으로는 8가지 유형으로 구분할 수 있는데 여기서는 일반적 유형인 주문설계형과 계획생산에 대해서 살펴보기로 하자.

주문별 대(大)일정계획

주문설계형 생산은 제품의 설계부터 시작해야 한다. 이때 생산계획의 담당자는 설계의 기한을 포함한 모든 부문의 계획을 입안하게 되는데, 이 단계에서의 계획은 설계·자재조달·기계가공·조립 등의 부문별(대공정별) 납기 정도가 개략적으로 수립되기 때문에 '주문별 대(大)일정계획'이라고도 한다.

중(中)일정계획

실제 공정에서는 수주주문이 1개뿐인 경우는 거의 없고, 여러 개의 주문이 병행처리되는 것이 일반적이다. 따라서 생산계획을 수립하는 사람은 이미 계획된 주문 안에서 새롭게 수주한 주문을 어떻게 조합할 것인가를 생각해야 하는데, 이와 같이 수립된 계획 전체를 중(中)일정계획이라 한다.

그러나 중일정계획이 수립되었다 하더라도 설계부문 이외의 부서에서는 아직 구체적인 계획에 대해 정확하게 알 수 없다. 왜냐하면 생산대상이 되는 제품의 내용이 명확하지 않기 때문이다.

그럼에도 불구하고 중일정계획이 필요한 이유는 이를 통해 생산에 관한 각 부문의 업무개요를 확실하게 알 수 있기 때문이다. 결국 이는 계획이 완성되면 즉시 착수해야 할 것은 어느 정도 미리 해두고 별도의 주문과 겹치는 정도를 알아두기 위한 것이다.

설계부문에서는 어떻게 해서든 중일정계획대로 설계를 완료해야 한다. 만약 완료하지 못하면 다른 부문에 피해를 주는 것은 물론 납기를 못 지킬 수도 있다.

세부일정계획

일반적으로 개별주문생산의 경우 납기가 지연되는 가장 큰 원인은 계획수립의 지연 때문이다. 즉, 중일정계획을 지키는 것은 최종 납기를 위한 가장 기본적인 조건이다. 따라서 각 부문에서는 할당된 중일정계획을 더욱 세분화해서 부문 내의 담당별로 일정을 할당해야 하는데 이것을 세부일정계획이라고 한다.

다음 도표는 이것을 나타낸 것으로 세부일정계획은 다시 상세일정계획으로 더욱 세분화된다.

▌대(大)일정계획에서 중(中)일정계획으로

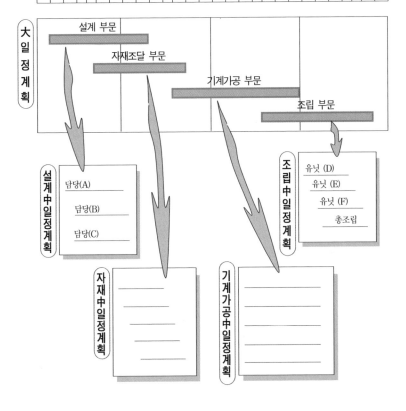

1 7 계획생산

개발단계와 생산단계

계획생산의 가장 큰 특징은 생산에 필요한 데이터가 모두 준비되어 있어서 이것을 수시로 다시 이용할 수 있다는 것이다.

계획생산은 크게 개발단계와 생산단계로 나뉜다. 여기서 개발단계 란 시장에서 고객의 요구를 수집하여 생산을 준비하는 것을 말하며, 생산단계는 이에 따라 구체적으로 생산을 시작하는 단계를 말한다. 계획생산에서는 생산에 필요한 모든 데이터를 개발단계에서 준비하 기 때문에 생산할 때마다 데이터베이스를 작성할 필요가 없다. 다만 생산품목과 수량 및 납기 정도를 계획할 뿐이다.

생산계획의 입안

계획생산에 필요한 조건은 계획사이클, 계획리드타임, 계획범위의 3가지이다. 다음 도표를 보면서 살펴보기로 하자.

계획생산과 로링계획

계획생산의 3가지 조건

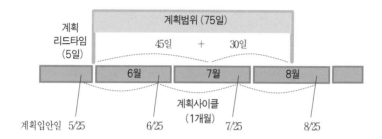

로링계획

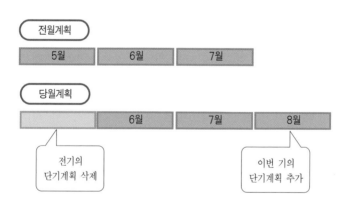

계획입안일은 5월 25일, 6월 25일, 7월 25일로 1개월 간격으로 되어 있다. 다시 말해 계획사이클은 1개월이 된다. 계획사이클은 2개월이나 3개월이 될 수도 있는데 최근에는 경영환경의 변화가 극심하기 때문에 10일, 1주일 등 짧아지는 경향이 있다.

앞의 도표를 보면 6월 이후의 계획은 5월 25일, 7월 이후의 계획은 6월 25일에 입안되고 있으며, 계획대상 월로 들어가기 5일 전에 계획이 작성되고 있다. 이와 같이 계획작성이 계획실행보다 선행해 있는 일수를 계획리드타임이라고 하며, 계획리드타임은 제로로 하는 것이 바람직하다. 그러나 그 계획을 관련부서에 전달하거나 세부사항으로 조정하는 데는 시간이 걸리므로 거기에 필요한 일수만큼 계획의 발령을 선행할 필요가 있다.

계획범위를 결정하기 위해서는 앞서 설명한 계획사이클과 최장리드타임이 필요하다. 복수제품의 생산계획을 세우는 경우 그 중 납기가 가장 긴 제품의 리드타임이 최장리드타임이 된다. 계획범위란 이러한 최장리드타임과 계획사이클을 계산한 일수를 말하는 것으로 이 예에서는 45일과 30일을 합한 75일이 된다.

그 이유를 살펴보자. 리드타임이란 제품을 생산하는 데 필요한 최소한의 일수이다. 계획을 매일 세운다고 가정할 경우, 리드타임을 45일로 하면 지금 당장 생산에 착수해도 45일 후가 아니면 제품을 수중에 넣을 수가 없다. 즉, 45일 후에 제품이 필요하다면 지금 곧 생산에 착수해야 한다. 대신 46일 후에 필요한 것은 오늘 계획하지 않아도 된다.

이상은 계획사이클을 1일로 한 경우이다. 그럼 사이클을 1개월로 한다면 어떻게 될까? 중간은 계획하지 않았으므로 그 공백인 30일분을 메울 필요가 있다. 따라서 이 사례의 계획범위는 최장리드타임인 45일과 계획사이클 30일을 더해서 75일이 된다.

로링계획

계획생산의 생산계획은 시간이 지남에 따라 계속해서 갱신해 나가야 하는데, 이를 로링계획이라고 한다. 예를 들어 사례의 경우 5월에는 5월, 6월, 7월의 계획이 수립되지만, 6월에는 5월 계획이 삭제되고 대신 8월 계획이 추가된다.

1 8 기준생산계획

생산계획은 몇 개의 세부계획으로 구성되는데, 이들 세부계획을 묶은 것을 기준생산계획 또는 종합생산계획이라고 한다.

종합생산계획의 예로는 개별주문생산에서 이용되는 대일정계획을 들 수 있는데, 여기서는 일반적인 예로서 계획생산의 기준생산계획에 대해 살펴보기로 하자.

계획생산의 기준생산계획

다음 도표는 기준생산계획의 예로서 계획항목은 제품명, 납기, 수량의 3가지이다. 제품명은 생산자로서 최종적인 사용자에게 공급하는 것을 의미한다. 그리고 제품은 그 공장의 완성품을 지칭하는 것으로 서비스팩과 같이 그 자체를 독자적으로 판매할 수 있는 것도 대상이 된다. 또 사용자는 반드시 사외로 제한되는 것은 아니며, 부품만을 제조하는 공장의 경우 그 공급처가 되는 자사의 조립공장도 사용자

월일\품명	9월							
	1일	2일	3일	4일	5일	6일	7일	8일
A	80	80	50	50				
B		120		120		120		
C	200	200	200	200	200	200	200	
D			95	80	80	80		
E	15		15		15		15	

가 된다.

납기의 수립주기

기준생산계획표를 보면 납기가 일별로 표시되어 있는데 납기가 반드시 일별로 제한되는 것은 아니다. 주별이 될 수도 있고 10일별이 될 수도 있으며 경우에 따라서는 월별이 될 수도 있다. 한편 일별에서도 더욱 상세하게 하기 위해 오전과 오후를 나누기도 하고 시간별로 세분화하기도 한다. 다시 말해 납기는 허용되는 한에서 결정하면 된다.

납기에 따른 생산배분방법

데드라인이라고도 하는 최종납기는 반드시 지켜야 하는 시간이다.

그 달성방법에 대해서는 생산현장에서 자세히 지시하는 형태도 있고, 책임자에게 맡겨둔 채로 하는 형태 등 여러 가지가 있다.

기준생산계획표를 보면 수량이 기재되어 있는데 얼핏 보면 숫자를 아무렇게나 나열한 것 같지만 사실 이렇게 배분하는 데는 상당한 숙련이 필요하다. 예를 들면 제품 A의 기준계획에서는 9월의 총생산량 260개를 4일간 완성하도록 되어 있지만, 이것을 월간 30일로 균등하게 배분해서 9개씩 생산할 수도 있다.

이러한 균등배분방법은 모든 품목에 적용할 수도 있다. 그러나 사무처리는 간단할지 모르지만 생산현장으로서는 매우 어려운 상황일 수 있다. 공장이 1개월간 실제로 생산하는 품목은 대개 수십에서 수백 가지에 달하는 것이 일반적인데 만약 모든 품목을 매일 생산한다면 그야말로 작업준비에 쫓겨 능률은 계속 떨어질 것이기 때문이다.

따라서 경험이 많은 담당자들은 월초집중형, 월말집중형, 매일생산형, 격일생산형 등 품목에 따라서 몇 가지 패턴으로 나누는 작업을 하는 경우가 많으며, 이렇게 하면 일별 생산품목은 적어지고 능률은 보다 향상될 수 있다.

생산공수에 의한 작업자의 산정

그러나 문제는 그 뿐만이 아니다. 작업량이 평균화되지 않으면 작업자수가 경우에 따라 부족하기도 하고 남기도 하는 데다가 일별 작업량이 평균화되어 있는지 여부도 알 수 없다. 이것을 알기 위해서는 우선 품목별 생산수량에 대응하는 일별공수(공수(工數)란 생산을 위해 소비되는 업무량으로 통상 시간단위로 표현된다)를 계산하고 마지막으로 그 모두를 집계해야 한다.

예를 들면 작업자 2명이 일을 하는데 3시간이 걸릴 경우 그 공수는 6시간이 된다. 기준생산계획표를 보면 9월 1일의 품목별 생산수량은 A가 80, C가 200, E가 15로 되어 있는데, 여기에 걸리는 공수를 120시간이라고 하자. 그러면 한 사람이 하루 동안 8시간씩 작업하게 되면 총 15명이 필요하게 된다.

마찬가지로 2일의 품목별 생산수량은 A가 80, B가 120, C가 200으로 되어 있다. 1일과 2일의 생산내용은 다르지만 공수에서 보면 2일의 경우도 120시간으로 되어 있다. 즉, 작업량 측면에서는 평균화되어 있다.

이상과 같이 기준생산계획의 계획항목은 제품명, 납기, 수량의 3가지에 지나지 않지만 그 내용을 살펴보면 상당히 복잡하다는 것을 알 수 있다. 기준생산계획이 이처럼 간단하게 표현되는 것은 생산계획에 필요한 데이터베이스가 준비되어 있기 때문이다. 생산관리에 필요한 데이터베이스에 대해서는 앞에서 설명한 바 있다.

판매부문의 기준생산계획

이상은 주로 공장의 입장에서 기준생산계획의 방법을 설명한 것이다. 그러나 고객을 직접 응대하는 판매부문에서는 공장의 입장도 중요하지만 고객이 원하는 것을 가장 우선시해야 한다.

따라서 판매부문은 고객의 대변자로서 기준생산계획의 입안에 관여하게 된다. 즉, 기준생산계획의 입안은 생산부문에서만 이루어지는 것이 아니라 판매부문과의 협의가 필요하다. 그런 의미에서 기준생산

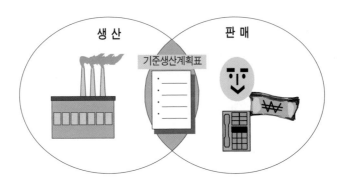

계획은 생산부문과 판매부문간의 접점이라고 할 수 있다.

이렇게 생각하면 기준생산계획은 제조업자에게 있어 없어서는 안될 가장 중요한 관리기능의 하나라고 할 수 있다. 그러나 놀라운 것은 이처럼 계획에 입각하여 생산관리를 수행하는 공장이 별로 많지 않은데, 그 이유는 어차피 제품은 영업부문과 고객의 지시대로 만들어야 하는데 그 지시가 자주 변하기 때문에 계획을 세워도 의미가 없기 때문이다.

일반적으로 이러한 계획무용론에 빠지는 주된 원인은 생산계획과 출하지시를 혼동하기 때문이다. 양자는 전혀 별개의 것으로 일치시키기가 어려우며 도리어 이러한 오차를 흡수하기 위해 재고기능이 있는 것이다.

1 9 일정계획

일정관리란 분업화된 공정이나 작업 하나하나에 기일을 지정하고, 그 일정에 맞게 제대로 이루어지는지 여부를 체크하는 것이다. 그리고 이는 일정계획이 있어야만 공정기일을 합리적으로 지정할 수 있으며 제품 생산에 관한 모든 분업활동을 제대로 통합할 수 있다. 만약 일정계획이 없으면 생산에 관여하는 구성원 각자가 제멋대로 작업할 수밖에 없으며 이렇게 되면 제품을 정해진 납기에 완성할 수 없다. 다음은 일정계획의 기본적인 내용이다.

JIT(Just In Time)

기계와 작업자가 있다고 하더라도 재료가 없으면 생산을 할 수 없다. 그렇다고 재료나 부품을 미리미리 준비하게 되면 미완성품이나 재고가 증가하게 된다. 따라서 필요할 때 필요한 장소에 필요한 만큼 도착하도록 하는 것이 가장 이상적이라고 할 수 있는데, 이러한 상태를 JIT(Just In Time) 또는 동기화(同期化)라고 한다.

손톱깎이나 볼펜과 같이 구성부품이 몇 개 안 되는 제품은 JIT를 간단하게 실현할 수 있다. 그러나 자동차나 TV와 같이 구성부품이 많은 제품은 조립공정에 이용되는 수백~수천 개의 부품을 하나의 오차도 없이 준비해야 하기 때문에 이를 달성하기가 매우 어렵다.

일반적으로 완제품을 조립하기 이전의 공정은 여러 개로 나뉘어 공장 내외의 여러 곳에 산재되어 있는 경우가 많다. 그러나 일단 최종공정에 들어가게 되면 조립시점에 맞춰 부품이 준비되어 있어야 하며, 이를 위해서는 각 공정기일을 지정하여 정확하게 지킬 필요가 있다.

한편 생산관리에 있어서의 일정계획도 원칙적으로 이를 기반으로 수립된다.

백워드 계획(backward plan)과 포워드 계획(forward plan)

일정계획을 수립하는 방법으로 백워드 계획과 포워드 계획이 있다. 백워드 계획은 납기를 결정한 다음 각 공정의 착수일이나 완공일을 납기일로부터 역산하여 결정한다. 예를 들어 제품 A의 납기일이 10월 30일이고 조립기준일정이 2일인 경우 그 일수를 역산하면 조립착수일은 10월 28일이 된다. 따라서 그 조립에 필요한 부품은 27일까지 도착해야 한다.

포워드 계획은 백워드 계획과 반대되는 것으로서 이는 생산착수일을 기점으로 하여 납기를 결정한다. 예를 들어 어느 공정의 기준일정이 3일이고 10월 1일에 작업에 착수했다면 납기는 10월 4일이 된다.

다음 그림은 백워드 계획과 포워드 계획을 대비해 놓은 것이다. 우리나라에서는 전통적으로 백워드 계획이 주류를 이루고 있다. 반면 서양에서는 포워드 계획이 주류를 이루었으나 최근 들어 점차 백워드 계획으로 변화되고 있는데, 이것은 다분히 고객만족의 사고가 영향을 미치고 있기 때문이다.

백워드 계획과 포워드 계획

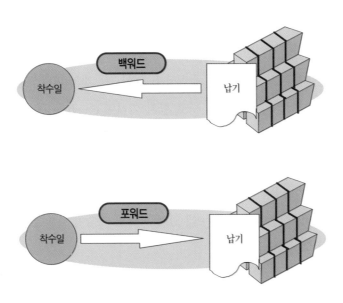

스케줄링(scheduling)

일정계획을 입안할 때는 전체적인 계획을 수립한 다음 세분화된 계획으로 단계적으로 진행해가야 한다. 예를 들어 개별주문생산의 경우 대일정계획을 세운 다음 중일정계획이나 세부일정계획을 단계적으로 이해하기 쉽도록 세밀하게 수립한다. 그리고 계획생산의 경우는 월간계획에서부터 주간계획·일별계획의 순으로 수립한다(brake down).

그러나 이처럼 상세하게 수립된 계획이라 할지라도 '금주 중으로 착수'라든지 '금일 중으로 완성' 등과 같이 지시하는 데는 한계가 있다. 왜냐하면 이처럼 지시를 할 만큼 정보가 충분치 않은 데다가 일부의 작업지시는 복수로 이루어지기 때문이다.

작업현장에서 어떠한 일들을 해야 할지에 대해 구체화하는 작업을 스케줄링이라고 한다. 예를 들어 a, b, c라는 세 개의 미완성품이 있는 경우는 작업순서를 a→b→c로 할지 아니면 c→b→a로 할지를 결정해야 한다. 이 경우 고도의 판단력이 필요한데, 우선 어떤 순서로 해야 생산성이 높을지를 먼저 생각한다. 그리고 작업준비를 같이 할 수 있는 가공품이 있다면 다른 것을 뒤로 미루더라도 우선 가공하는 것이 좋으며, 또한 가공하는 데 있어 고도의 기술이 필요한 경우는 숙련자를 지명할 수도 있다.

이와 같이 스케줄링이란 시시각각 변화하는 현장에 있어서 리얼타임에 따라 작업자를 지정하거나 가공 우선순위를 결정하는 것을 의미한다. 따라서 스케줄링은 현장경험이 많은 작업 관리자나 책임자의 업무로 자리잡아가고 있다. 다만 젊은 사람들이 생산현장에서의 근무를 기피하고 있어 앞으로 이와 같은 베테랑 감독자는 급속하게 감소할 것으로 보인다.

한편 컴퓨터의 발달에 따라 인공지능기술을 적용하는 분야가 늘어나고 있다. 전문가가 가진 지식이나 노하우를 컴퓨터에 이식한 엑스퍼트 시스템(expert system)도 그 중 하나라고 할 수 있는데, 이 시스템을 도입하게 되면 컴퓨터에 의한 스케줄링의 실용화를 실현할 수 있다.

현재 공장 내의 설비 및 자동화가 진행되고 있으며, 이에 따라 공정관리의 자료가 자동으로 생산관리로 넘어가 스케줄링도 자동화되는 추세를 보이고 있다.

■ 스케줄링의 발전

20 간트차트

간트차트

생산계획의 표현수단으로서 가장 광범위하게 이용되는 것으로 간
트차트(Gantt chart)가 있다. 간트차트는 복잡한 계획을 지극히 이해하
기 쉽게 표현한 것으로 횡축에는 시간과 일을, 종축에는 계획항목을
나열하여 표현하며 계획항목으로는 어느 것이든 선택할 수 있다. 다
음의 간트차트는 계획항목으로 작업자를 선택한 것으로 작업자 대신
에 제품명이나 기계명을 선택할 수도 있다.

간트차트의 사례

간트차트는 생산일정뿐만 아니라 일상생활에도 적용할 수 있다. 예
를 들어 수험생이 시험과목별로 시간을 나누어 작성한 계획표는 이
러한 간트차트를 이용한 것이라고 할 수 있다.

공장에서 이루어지는 생산작업이 복잡한 만큼 그 계획을 표현하는

단순한 간트차트

계획항목 (작업자)	3월							
	1일	2일	3일	4일	5일	6일	7일	8일
손오공								
홍길동								
고주몽								
대조영								

간트식 계획 · 진척표

실적 ----
계획 ——

해당일

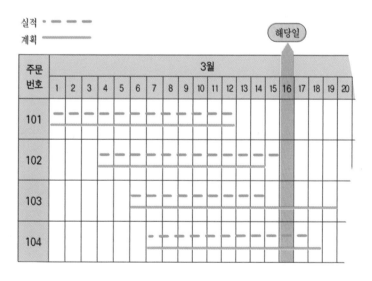

주문 번호	3월																			
	1	2	3	4	5	6	7	8	9	10	11	12	13	14	15	16	17	18	19	20
101																				
102																				
103																				
104																				

간트차트의 종류도 다양하다. 예를 들어 간트식 작업부하표라는 것이 있는데 이는 공정별 생산기간뿐만 아니라 공정별 부하능력도 나타낸다. 이 외에 계획과 진척상황을 병기하는 간트식 계획·진척표라는 것도 있다.

그럼 앞 페이지 아래의 도표를 보면서 간트차트에 대해 구체적으로 살펴보기로 하자. 우선 3월에 있어서 수주주문별 생산착수 및 완료계획과 함께 작업의 진행에 따른 실적이 나타나 있다. 그리고 종축으로 뻗어 있는 큰 망은 바로 현재를 가리킨다(이 예에서는 3월 16일).

주문번호 101을 보면 계획과 실적이 정확하게 일치하고 있다. 그러나 102에서는 완료계획은 14일인데 실제로 끝난 것은 15일이므로 1일이 지연된 것을 알 수 있다.

한편 103은 현재 진행 중이다. 완료계획은 19일이지만 16일 현재의 실적은 14일에 상당하는 정도밖에 소화하지 못해서 2일이 지연되고 있다. 반면 104는 매우 순조롭게 진행되는 것을 알 수 있다.

2 1 부품전개

제품별 수량이나 납기를 기준생산계획에 따라 결정하였으면, 그 다음으로 필요한 것은 계획대로 제품을 만들기 위한 재료나 부품을 과부족 없이 조달하는 것이다.

조달계획

이를 위해서는 기준생산계획을 기점으로 해서 조달계획을 입안해야 한다. 조달계획에는 기준생산계획 외에도 많은 정보가 필요한데 그 대부분의 자료는 생산 데이터베이스에 보존된다. 예를 들어 앞에서 설명한 부품구성표, 기준일정, 로트사이즈 등이 이에 해당한다.

부품전개

그럼 이들 데이터를 이용해서 조달계획을 구체적으로 입안해 보자. 우선 부품전개부터 시작해야 한다. 조달을 위한 부품전개에서 가장

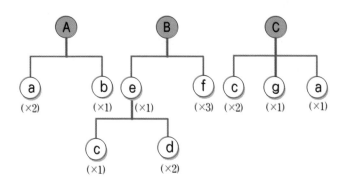

필요한 계획데이터는 부품구성표와 기준생산계획이다.

예를 들어 제품 A, B, C를 생산할 경우의 부품구성표는 위의 도표와 같다. 즉, 제품 A는 부품 a(2개)와 부품 b(1개)로 구성되어 있다. 그리고 제품 B는 유닛 e(1개)와 부품 f(3개)로부터 이루어져 있고, 그 유닛 e에는 부품 c(1개)와 부품 d(2개)가 필요하다. 마찬가지로 제품 C는 부품 c(2개), 부품 g(1개), 부품 a(1개)로 구성되어 있다.

이상의 내용에 따라 부품전개를 해보면 다음의 도표와 같다. 기준생산계획은 도표에 나타난 그대로이다.

이를 근거로 부품전개에 따른 부품의 총소요량을 살펴보자. 부품 a의 경우 제품 A의 계획은 10이므로 그에 대응하는 a의 총소요량은 그 2배인 20이 된다. 그리고 제품 C의 계획은 15이므로 이에 대응하는 a

의 총소요량은 그 1배인 15가 된다. 따라서 이를 합하면 a의 필요수량은 35가 된다.

그밖의 부품수량도 같은 방법으로 계산하며, 다음의 도표는 이러한 계산과정과 그 결과를 나타낸 것이다.

1월의 기준생산계획과 부품전개에 따른 부품의 총소요량

1월의 기준생산계획

제품명	A	B	C
수량	10	20	15

부품전개에 따른 부품의 총소요량

a	$(10 \times 2) + (15 \times 1) = 35$
b	$10 \times 1 = 10$
e	$20 \times 1 = 20$
f	$20 \times 3 = 60$
c	$(20 \times 1) + (15 \times 2) = 50$
d	$20 \times 2 = 40$
g	$15 \times 1 = 15$

제품명	a	b	e	f	c	d	g
수량	35	10	20	60	50	40	15

2 2 총소요량과 순소요량

재료나 부품을 부품전개에 따라 계산한 수량대로 조달할 경우 부품
재고가 제로이면 아무 문제가 없지만 재고가 있는 경우는 그 만큼을
빼고 조달해야 한다. 즉, 재고분만큼 빼고 조달해야 중복조달을 피할
수 있다. 가령 5개가 필요한데 재고가 3개 있다면 실제 조달개수는 2
개가 된다. 공장에서 자주 쓰이는 부품이나 재료를 준비한다는 의미
는 이처럼 재고분의 활용을 전제로 하는 것이다.

순소요량의 계산

21항에서 부품의 총소요량은 계산하였는데 이때 재고분을 감안하
면 순소요량을 계산할 수 있다. 21항의 예를 들어 계속 설명하기로 하
자. 다음 도표를 보면 맨 위에 재고리스트가 제시되어 있는데, 부품전
개시에는 이를 참고하여 우선 최상위의 제품레벨에서 순소요량을 계
산한다. 예를 들어 제품 A의 생산계획수가 10개인데 재고수가 5개이

순소요량의 계산

재고리스트

품명	A	B	C	a	b	e	f	c	d	g
재고수	5	10	5	10	2	3	15	5	8	6

순소요량의 계산

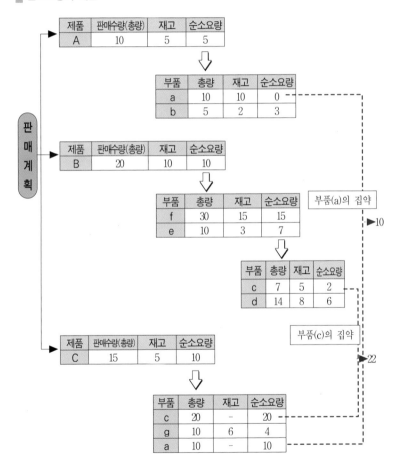

므로 이것을 공제한 5개가 순소요량이 된다.

다음으로 이 5개에 대응하는 부품의 순소요량을 계산한다. 전술했던 부품구성표에 따르면 제품 A(1개)에 대해서 부품 a는 2개가 필요하다. 따라서 제품 A의 5개에 대한 부품 a의 총소요량은 10개가 된다. 그러나 재고리스트를 보면 a의 재고수가 10개로 되어 있으므로 이것을 차감하면 순소요량은 제로가 된다.

이와 같은 계산을 모든 부품에 적용하여 각각의 순소요량을 계산한 다음 그 과정을 도표로 나타낸 것이 바로 앞 페이지 아래의 도표이다. 여기서는 단순화하기 위해 제품 한 종류만을 설명했지만 실제로는 여러 종류의 제품을 만드는 것이 보통이다. 따라서 모든 제품에 대해 같은 방법으로 순소요량을 계산한다. 이때 주의해야 할 것은 부품이나 재료의 집계는 부품의 순소요량 계산을 마친 다음에 해야 한다는 것이다.

2 3 실제재고와 유효재고

일자별 순소요량 계산

순소요량을 계산할 때는 재고수량을 감안해야 한다. 그러나 엄밀히 말하면 당월의 총소요량에서 전월 말의 재고를 차감하는 월 단위의 총량계산만으로는 불충분하다. 그 이유에 대해 살펴보도록 하자.

어떤 부품의 월간 총소요량이 500이라고 가정하자. 전월 말부터의 이월재고가 40이라면 이 경우의 순소요량은 '총소요량 - 이월재고'이므로 460이 된다.

그러나 460이 이 달의 첫 번째 날에 모두 필요한 것은 아니다. 왜냐하면 어떤 날은 10개, 또 어떤 날은 15개 등 일별로 출고되기 때문이다. 그 일별 출고의 월간 합계가 460인 것이다. 따라서 이 수량을 월초에 일괄해서 만들 필요는 없다. 재고가 생기지 않을 만큼 월별로 매일 조금씩 만들어도 상관없다. 그래야 재고수준이 낮아진다.

유효재고의 계산

좀더 구체적으로 살펴보도록 하자. 예를 들어 모월 모일에 작업을 시작해서 재고가 9개 있다고 하자. 그리고 그 중 6개는 오전 중으로 출고될 예정이라고 하자.

█ 유효재고의 계산

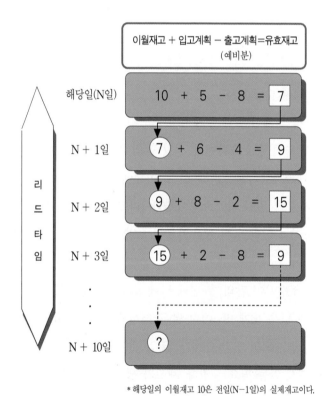

이월재고 + 입고계획 − 출고계획=유효재고
(예비분)

해당일(N일)　　10 + 5 − 8 = 7

N + 1일　　7 + 6 − 4 = 9

N + 2일　　9 + 8 − 2 = 15

N + 3일　　15 + 2 − 8 = 9

N + 10일　　?

리드타임

* 해당일의 이월재고 10은 전일(N−1일)의 실제재고이다.

이 경우 재고의 현품은 9개라 하더라도 6개는 사용이 예정되어 있기 때문에 이것을 공제하면 실제재고는 3개라고 할 수 있다. 따라서 이 시점에서는 실제재고에 증감이 없더라도 정보를 미리 입수해서 계산해 두어야 한다. 이와 같은 계산을 통해 구해진 수량은 실제재고와는 차이가 있으므로 혼동되지 않도록 '유효재고'라고 한다.

예비분을 두는 목적은 앞으로 출고할 예정수를 확보해 두기 위해 그만큼을 현재의 재고실수량에서 공제해서 유효재고로 놓아두는 것이다. 유효재고는 줄기도 하고 증가하기도 한다. 만약 이 공장에서 그날 오후에 5개의 완성품이 입고될 예정이라면 오후의 유효재고는 오전의 3개를 합한 8개가 된다.

리드타임을 고려한 순소요량

재고의 준비에는 리드타임을 고려할 필요가 있다. 예를 들면 부품의 가공에 필요한 리드타임이 10일이고 완성계획일이 3월 15일이라면, 그 재료는 3월 5일에 출고되어야 한다. 이러한 경우 리드타임을 고려해서 예비분을 준비하는 방법은, 우선 전월 말의 이월재고를 기점으로 해서 일별 출고계획과 입고계획을 날에 따라 가감하여 전일(3월 4일)의 유효재고를 계산한다. 그 다음에 이것을 이월해서 마찬가지로 출고계획을 가감하여 당일(3월 5일)의 유효재고를 계산한다. 그리고 도표와 같이 계획범위에 있는 모든 품목에 각각의 리드타임을 적용시켜서 같은 계산을 반복한다.

이와 같이 유효재고를 감안하여 준비를 하면 재고의 과부족을 일별로 예측하면서 생산 전체를 통제할 수 있다.

24 로트 정리

로트 정리(로트사이즈의 설정)

당연한 말이지만 생산은 판매에 의해 좌우된다. 따라서 공장에서는 시장에서 잘 팔릴 만한 제품을 만들어 출하하는 것이 가장 이상적이며 수주한 만큼만 만드는 것이 좋다. 다만 최종단계의 조립이 이루어지기 위해서는 사전에 중간공정 조립품이 생산되거나 재료의 조달이 이루어져야 납기를 맞출 수 있다.

따라서 사전에 시장조사를 통한 수요예측에 따라 생산활동을 진행시킬 수밖에 없다. 이때 예측수량은 3개, 7개와 같은 단수가 아니라 10개, 20개와 같이 10개 단위의 수량단위로 관리하는 것이 편리하다. 또한 생산준비를 효율적으로 하기 위해서도 일정한 수량을 모아서 관리하는 것이 좋다.

이처럼 자재의 조달이나 생산을 일정 수량단위로 관리하는 것을 '로트 정리' 또는 '로트사이즈의 설정'이라고 한다. 다음 도표를 보면서

일정	1일	2일	3일	4일	5일	6일	7일	8일	9일	10일	11일
계획수 / 누계	3 / 3	2 / 5	4 / 9	2 / 11	1 / 12	4 / 16	2 / 18	6 / 24	1 / 25	9 / 34	3 / 37
로트 / 누계	10 / 10	/ 10	10 / 20	/ 20	/ 20	/ 20	10 / 30	/ 30	10 / 40	/ 40	/ 40

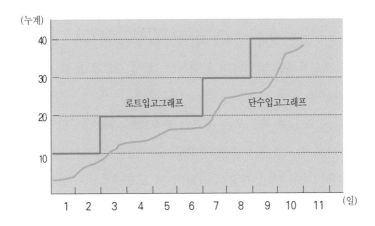

로트 정리를 하는 방법에 대해 살펴보도록 하자.

로트 정리의 사례

부품 X의 입고계획을 보면 1일 3개, 2일 2개, 3일 4개 … 처럼 일 단위로 수립되어 있다. 이것을 만약 로트 10단위로 정리하면 1일 10개, 3일 10개, 7일 10개 등과 같이 입고빈도가 적어짐으로써 업무량이 대폭 줄어들게 된다.

그러나 로트 정리에서 주의할 사항은 재고부족을 방지하는 것으로서, 이를 위해서는 로트의 누계가 항상 계획수량을 상회하도록 해야 한다. 그렇다고 해서 재고를 과다하게 보유해서는 안 되며, 항상 재고가 마이너스가 되기 직전에 입고되도록 구입계획을 통제해야 한다.

도표의 예에서는 1일에 입고한 로트는 10으로, 3일의 계획누계수 9개까지 충당할 수 있다. 그러나 4일에는 누계계획이 11개가 되는데 이에 따른 재고부족을 방지하기 위해서는 3일에 새로운 로트 10의 입고가 필요하다.

그러나 이와 같은 속도로는 재고의 부족으로 가동이 중단될 가능성이 있으므로 입고를 서두르는 경향도 종종 있다. 여하튼 적정수준의 재고를 유지하는 것이 가장 무난하며 이 도표에서는 구입계획에 따른 로트 입고의 타이밍이 잘 되어 있음을 알 수 있다.

2 5 작업절차계획

작업절차계획의 수립

앞에서 계획생산을 위한 생산계획용 데이터베이스 가운데 하나인 공정 데이터베이스에 대해 설명하였듯이, 동일한 제품을 만드는 경우에는 작업순서가 표준화되어 있기 때문에 그때그때마다 계획할 필요는 없다.

공정데이터를 반복해서 사용하게 되면 계획의 수립 속도와 효율을 높일 수 있다. 그러나 개별주문생산과 같이 새로운 제품을 만드는 경우에는 그 구성품이나 조립품에 대한 작업절차를 다시 계획해야 한다. 특히 주문생산뿐만 아니라 계획생산에 있어서도 제1호 제품을 만들 때는 작업절차계획을 다시 수립하기도 한다.

작업절차계획의 수립 사례

콘로드(연결봉, 크랭크와 피스톤을 묶는 내열기의 부품)의 작업절차계획을 사례로 들어 자세히 살펴보기로 하자.

설계부문으로부터 도면을 받은 생산기술부문은 작업을 공장 내 어떤 공정으로 연결시킬지에 대해 개략적으로 계획한다. 그 내용을 이해하기 쉽게 표현한 것이 바로 다음과 같은 공정분석표이다. 이것은 제조공정에 있어서의 제품의 흐름을 단위작업의 조합으로 나타내는 방법이다.

단위작업은 가공, 검사, 운반, 보관의 4가지로 나뉜다. 따라서 가공품의 공정이 아무리 복잡하더라도 단위작업을 연결해 보면 그 흐름을 쉽게 이해할 수 있다. 그럼 다음에 예시된 콘로드의 공정분석표의 작업흐름을 따라가 보자.

① 공정의 시작은 구입한 주조품의 수입이다. 수입된 장소는 설치장소로서 이곳에서 수입검사 작업이 이루어진다. 공정분석표의 표시로는 □와 ◇ 기호가 이용되며, 이는 납품수량을 계산하는 작업과 주기(鑄肌) 등의 품질검사를 동시에 행하는 것을 의미한다. 역시 입고로트는 10개이다.

② 검사 후 운반차(철도, 차량 따위의 바퀴가 위에 있으며 자체를 지탱하는 부분)로 다음 작업장소로 운반한다.

③ 여기서 당분간 가공을 기다린다.

④ 볼트구멍을 여는 작업은 2회로 나뉜다. 우선 1개씩 전가공용 드릴로 구멍을 열고, 이 작업이 끝나면 기계 옆으로 운반해서 10개를 겹쳐 쌓는다.

⑤ 드릴을 이용해서 다시 1개씩 관통구멍을 여는 작업이 이루어진다.

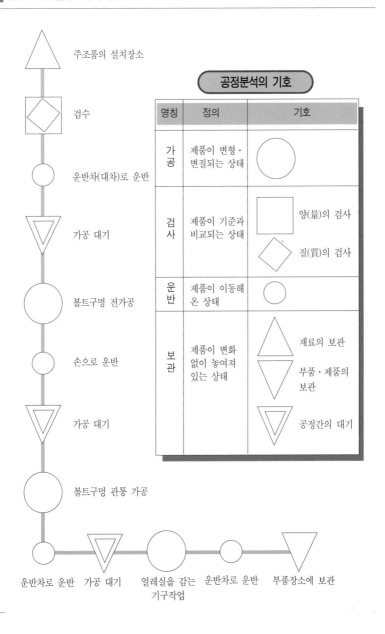

콘로드(연결봉)의 상세한 가공 데이터

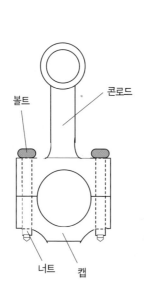

품목코드	3333	4444		
절차	(0)	(1)	(2)	(3)
공정명	반제품 구입	볼트구멍 전가공	볼트구멍 관통	얼레실을 감는 기구
작업방법	검수	8.7 ϕ 드릴로 깊이 13㎜의 구멍을 뚫는다	8.6 ϕ 드릴로 관통한다	얼레실을 감는 기구 로 볼트 자리를 가공한다

볼트
콘로드
너트
캡

⑥ 10개 작업이 끝나면 운반차로 세 번째 공정까지 운반한다.

⑦ 최종공정에서는 얼레실을 감는 기구작업을 행한다.

⑧ 얼레실을 감는 기구작업이 끝나면 부품 10개를 운반차를 이용하여 부품보관 장소로 운반한다.

⑨ 콘로드 10개를 부품장소에 보관한다.

이상으로 부품가공의 대강의 순서가 정해졌다. 그러나 실제 가공작업이 이루어지기 위해서는 더욱 상세한 데이터가 필요하며, 앞의 그림은 그 이미지를 나타낸 것이다. 이 외에도 작업절차계획에 필요한 데이터에는 공구, 치구(治具), 치공구법, 검사치구, 기계가공의 조건, 작업자의 숙련도, 표준시간 등이 있다.

그러나 최근 계획생산 등에서 작업절차계획이 전산화됨에 따라 이러한 공정 데이터베이스의 내용이나 작성뿐만 아니라 작업절차계획의 적용과정 자체도 점차 잊혀지고 있다. 이에 따라 최근에는 생산관리 담당자조차 작업절차계획이 있다는 사실을 잊고 있는 실정이다.

이와는 대조적으로 개별주문생산에서는 수주 때마다 작업절차계획이 필요하다. 따라서 주문생산에서의 작업절차계획은 일정계획과 마찬가지로 생산관리의 중추적인 역할을 하고 있다. 다음 페이지의 도표는 이러한 내용을 나타낸 것이다.

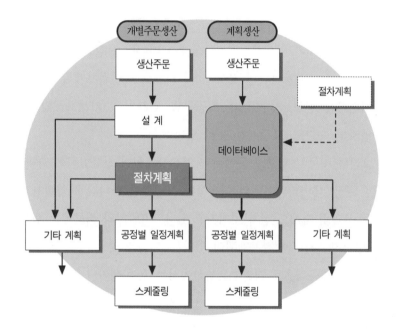

2 6 공정별 일정계획

공정별 일정관리

제조업은 분업이 매우 광범위하게 이루어지는데 이러한 분업화된 작업을 효율적으로 하기 위해서는 공장 전체적으로 공정별 일정관리를 통제할 필요가 있다. 이처럼 공정별 일정관리가 필요한 이유는 첫째 공장 내의 제조과정은 공정이라는 기본적인 분업단위를 조합하여 이루어지기 때문이며, 둘째 일정계획에 따라서 납기를 기점으로 한 시간축으로 각각의 공정이 일원적으로 연관을 맺기 때문이다. 공정은 작업단위로, 작업은 동작으로 나눌 수 있지만 일정계획에서는 거기까지 세분화할 필요는 없다.

공정별 일정계획의 수립

일정계획의 기본적인 내용에 대해서는 앞에서 설명하였으므로 여기서는 공정별 일정계획의 수립방법을 확실히 이해할 수 있도록 사례를 통해 살펴보기로 하자.

〈사 례〉

당사는 제품 A를 주문받았다. 수량은 1대이고 납기일은 12월 25일이다. 생산관리 담당자는 JIT가 되도록 일정계획을 수립해야 한다. 그럼 다음과 같은 부품과 공정일정은 며칠이 되어야 할까?

① 부품 d의 연삭공정 착수일

② 부품 ㄹ의 선반공정 완료일

③ 부품 ㄱ의 주조공정 착수일

④ 부품 ㅁ의 구매용 주문서 발행일

일정계획을 위한 데이터베이스는 다음과 같다(도표 참조).

• 제품 A의 부품구성표

• 공정별 기준일정

• 부품별 순서 데이터

조립완료일은 납기 전일이고, 기간 중 휴일은 없는 것으로 한다. 이 사례에 대한 힌트는 일정계획에 나타나 있다.

부품 d의 연삭공정 착수일의 결정방법은 143페이지 도표로 설명하였으므로 이를 참고하면 된다. 아울러 다른 문제에 대해서도 143페이지에 해답을 남겼으므로 각자 같은 방법으로 풀어보기 바란다.

제품 A의 부품구성표

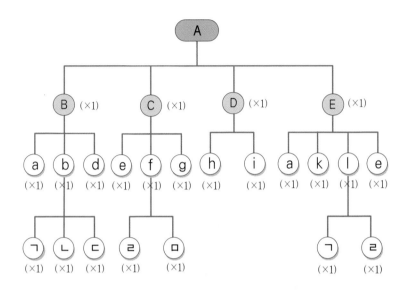

공정별 기준일정

공정명	기준일정	공정명	기준일정	공정명	기준일정
주조(鑄造)	20일	외주조립	8일	보링	4일
단조(鍛造)	45일	외주가공	15일	프레스	3일
강재구매	20일	선반(旋盤)	4일	서브조립	2일
강판구매	10일	밀링	5일	총조립	5일
부품구매	15일	연삭	3일		

부품별 순서 데이터

품명＼공정	공순	공정명	공순	공정명	공순	공정명	공순	공정명
A	1	총조립						
B	1	서브조립						
C	1	서브조립						
D	1	서브조립						
E	1	서브조립						
ㄱ	1	주조	2	밀링				
ㄴ	1	부품구매						
ㄷ	1	부품구매						
ㄹ	1	주조	2	선반				
ㅁ	1	부품구매						
a	1	부품구매						
b	1	외주조립						
d	1	강재구매	2	선반	3	연삭		
e	1	주조	2	밀링	3	보링		
f	1	외주조립						
g	1	주조	2	밀링	3	외주가공	4	보링
h	1	부품구매						
i	1	강판구매	2	프레스	3	외주가공		
k	1	부품구매						
l	1	외주조립						

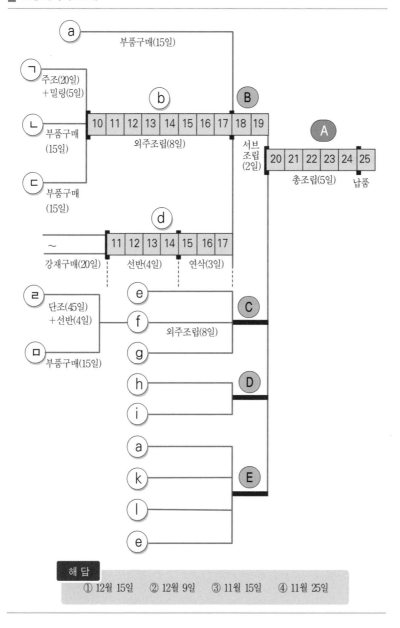

27 생산능력과 부하계획(1)

부하계획

어떤 공장이든 특정 물품을 생산할 수 있는 수량에는 한도가 있는데 이를 '생산능력'이라고 한다. 따라서 생산계획을 세울 때에는 원칙적으로 생산능력의 범위 내에서 이루어져야 한다.

일반적으로 공장에서는 항상 여러 가지 생산계획이 있기 때문에 실질적인 생산여력은 본래 생산능력에서 이미 계획된 만큼을 빼고 계산해야 한다. 여기서 이미 계획된 일의 양을 '부하계획'이라고 한다.

부하계획이 정확하지 않으면 생산여력을 판단하는 데 있어 착오가 생기게 된다. 그 결과 다음 그림과 같이 생산여력이 있는데도 불구하고 주문을 놓치게 된다. 반대로 생산여력이 없는데도 불구하고 주문을 받으면 납기를 맞추지 못해 거래처에게 손해를 끼치게 된다.

잘못된 부하계획의 형태

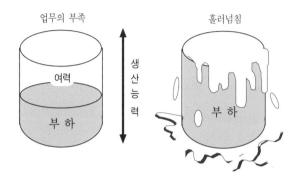

생산능력을 나타내는 단위

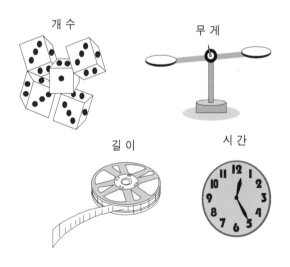

부하계획의 기본단위

부하란 업무의 양을 의미하는 것으로 이를 나타내기 위해서는 단위가 필요하다. 예를 들어 미터는 길이, 킬로그램은 무게, 헥타르는 면적의 양을 나타내는 단위이다.

일의 양을 나타내는 단위로 자주 이용되는 것은 '인공(人工)'이다. 이것은 한 사람이 하룻동안 일할 수 있는 업무량으로서 만약 세 사람이 2일 걸리는 일이라면 6인공이 된다.

건축업·농업같은 일은 작업 사이클이 길기 때문에 인공과 같은 단위로도 충분히 관리할 수 있다. 그러나 공장 내의 작업을 관리하기 위해서는 좀더 세밀한 단위가 필요하다. 예를 들어 카메라나 기계를 조립하는 컨베어 라인의 경우 1공정당 걸리는 시간은 매우 짧다. 이와 마찬가지로 자동차 공장의 조립라인 역시 1공정에 2~3분 정도의 짧은 시간이 소요된다. 물론 신문사의 윤전기처럼 대형기계의 제조에는 작업시간이 수백~수천 시간 필요한 것도 있다.

그러나 조립공정을 세분화하는 경우 작업은 몇 분 내지 몇 시간의 범위 내에서 이루어진다. 따라서 일반적인 공장의 경우는 일의 양을 인공이 아닌 분이나 시간단위로 관리하는 경우가 많다.

생산능력과 부하계획

한편 생산능력이란 그 공장에서 소화해낼 수 있는 일의 양을 의미한다. 따라서 부하계획의 경우와 마찬가지로 능력의 양을 나타내는 단위가 필요하다. 또한 새로운 수주의 가부를 판단하기 위해서는 생산능력에서 부하계획을 제외함으로써 생산여력을 계산해야 하는데,

이때 생산능력과 부하계획의 단위가 틀리면 이 계산은 할 수가 없다. 다시 말해 쌍방의 단위가 동일해야만 계산이 가능하다는 것이다.

　앞에서는 단위의 예로서 시간을 들었지만 앞의 그림과 같이 개수·무게·길이 등 회사의 실정에 맞는 단위를 선택하면 된다.

2 8 생산능력과 부하계획(2)

부하계획의 절차

부하계획의 목적은 공장의 현재 생산여력을 감안하여 새로운 주문을 받을 경우 작업이나 공정에 어느 정도의 부하를 가하게 될 것인가를 검토하는 데 있다. 생산여력은 앞에서 언급한 것과 같이 공장이 본래 가지고 있는 생산능력에서 현재 진행 중인 부하를 뺀 것이다. 일반적으로 여력, 생산능력, 부하는 모두 시간을 단위로 하여 표시한다.

이상의 내용에 따라 부하계획을 수립하는 방법을 부하계획표를 통해 살펴보기로 하자. 이 표에서는 다음과 같은 정보를 알 수 있다.

- 이 공장의 5월 생산능력은 가동일수 25일, 1일당 생산능력 1,000 시간이므로 합쳐서 25,000시간이 된다.
- 사선부분이 현재의 부하를 나타내며, 이것을 합치면 21,000시간의 업무량이 나온다.
- 따라서 생산여력은 4,000시간이 된다.

부하계획의 예

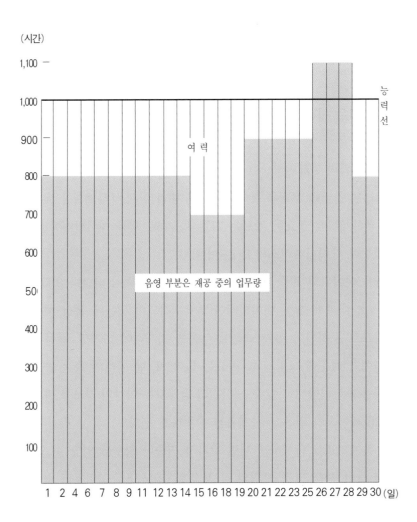

(시간)

1,100

1,000 ─── 능력선

900

800

700

600

50

400

300

200

100

여력

음영 부분은 재공 중의 업무량

1 2 4 6 7 8 9 11 12 13 14 15 16 18 19 20 21 22 23 25 26 27 28 29 30 (일)

다시 말해 이 공장은 전체 4,000시간분의 생산여력이 있으므로 이에 맞는 주문을 받지 못하면 생산현장은 놀게 된다. 단, 26~28일의 3일간은 표준생산능력을 초과하여 업무가 이루어지므로 이 기간 동안에는 잔업 등의 대책이 필요하다.

지금까지는 월간 합계를 기준으로 설명하였지만 실제 부하계획을 수립할 때에는 각각의 제품이나 기계에 대해서 먼저 계획해야 한다. 월간계획은 이러한 계획이 집계된 결과라고 생각하면 된다.

부하계획의 수립 사례

그러면 간단한 사례를 통해 부품 a에 대한 실제 부하계획을 세워보자. 부하계획에 필요한 정보는 기준생산계획, 생산 데이터베이스 및 공정능력 데이터베이스의 3가지이다.

다음 페이지의 표를 보면 맨 위에 기준생산계획이 나타나 있다. 그리고 그 아래에 생산 데이터베이스가 제시되어 있는데 통상 제품은 부품으로 구성되어 있기 때문에 부품을 전개해야 하지만, 부품 a는 하나이기 때문에 그렇게 할 필요는 없다. 또 맨 아래의 표는 공정별 생산능력을 나타내고 있다. 생산관리 담당자는 이상의 정보를 바탕으로 152페이지와 같은 부하계획을 수립하게 된다.

부하계획표을 작성하게 되면 갖가지 귀중한 정보를 얻을 수 있다. 예를 들어 선반, 밀링, 보링의 각 공정에 있어서 5월 20일부터 월말까지의 부하능력은 어느 정도인지, 그리고 이를 알기 위해서는 납기의 연기, 잔업, 휴일근무 가운데 어떤 방법을 선택할 것인지에 대한 해답을 얻을 수 있다.

간단한 기준생산계획

품 명	수 량	납 기
부품 a	100개	5월 31일

부품 a의 생산 데이터베이스

시간치 \ 공정순서		선 반	밀 링	보 링
가공시간	1개당	5분	8분	12분
	100개당	500분	800분	1,200분
기준일정		3일	2일	2일

공정별 생산능력

1일당 \ 공정	선 반	밀 링	보 링
대수	3대	4대	4대
능력시간	1,440분	1,920분	1,920분

공정별 부하계획표

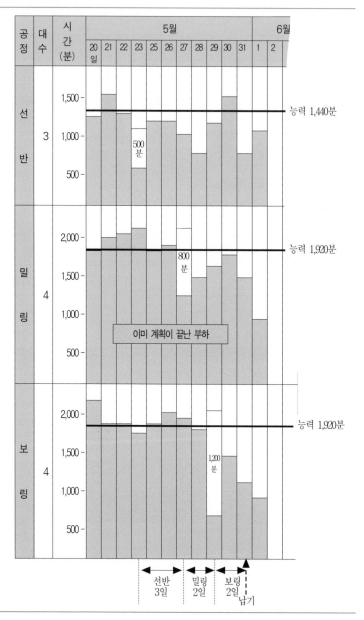

2 9 외주일정계획(1)

외주일정계획

보통 공장에서 생산된 완제품을 분해해 보면 전체 부품 중에서 외부에서 조달된 부품의 비율이 약 70~80% 정도 되며, 경우에 따라서는 전체 부품 중 90% 이상을 외부에서 조달하는 경우도 있다. 즉, 자사에서 제조하는 부품의 비중이 의외로 적다는 것을 알 수 있다. 이는 공장간의 분업에 따른 것으로서, 분업을 하게 되면 제품의 대량 생산이 가능하고 생산단가도 더욱 낮아진다. 따라서 궁극적으로는 소비자들에게 좋은 제품을 저렴하게 공급할 수 있다.

높은 효율의 생산을 실현하기 위해서는 외부로부터의 조달, 즉 구매나 외주의 활용이 매우 중요하다. 특히 외주는 우리나라 제조업의 독특한 생산체제로서 원청업체와 하청업체간의 관계는 일종의 공동운명체라고 할 수 있다.

외주의 목적을 사내의 생산능력이 한계점에 달해 더 이상 생산이 불가능한 경우의 대안으로 생각하는 경향이 있는데 이는 잘못된 사고 방식이다. 물론 현실적으로 이러한 문제로 인해 외주를 주는 회사도 많이 있지만, 이는 수많은 외주의 역할 중 극히 일부분에 지나지 않는다. 오히려 자체 공장에서 처리하지 못하는 기술이나 설비를 외주업체가 보유하고 있을 경우 그 능력을 사기 위해 외주를 주는 것이 더욱 일반적인 현상이다.

외주품의 소요량계획과 일정계획

기준생산계획에 따라 완성품 수량이나 납기가 확정되면 이와 관련하여 외주대상이 되는 부품이나 조립품의 외주계획을 수립한다. 이러한 외주계획의 목적은 외주품목의 확정, 소요량의 계산 및 납기의 결정을 위해서이다. 이 중 품목과 소요량의 계획에 대해서는 이미 설명하였으므로 여기서는 생략하기로 한다.

외주품의 일정계획을 세우는 방법은 공장 내 공정의 일정계획과 동일하다. 다시 말해 외주거래처는 곧 사내공정의 연장이라는 가정하에 부품의 공정경로에 포함시켜 수립한다. 기준일정도 공장 내 공정과 마찬가지로 외주거래처별로 설정한다. 따라서 외주착수일이나 완료일에 관한 일정계획은 다음 도표와 같이 백워드(backward) 방식으로 한번에 관통하듯이 연속된다.

외주공장의 일정계획과 관련하여 부하계획을 세울 수도 있다. 이를 위해서는 외주품 가공에 필요한 표준시간 데이터가 필요하며 이 자료를 기준으로 일정계획을 검토하게 되면 부하계획의 수립도 가능하다. 계획을 수립하는 절차와 방법은 사내의 부하계획과 동일하다.

다만 외주공장이라고 해도 원청공장에 의존하는 정도는 각각 다르다. 즉, 의존도가 100%인 경우도 있고 몇 % 안 되는 경우도 있다. 이때 의존도가 낮은 외주공장의 부하상황을 정확하게 파악하고자 할 때는 그 회사의 협조 없이는 불가능하다.

외주일정계획

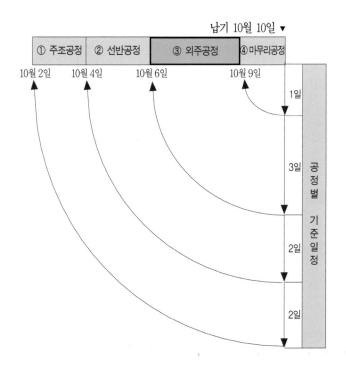

3 0 외주일정계획(2)

일괄외주방식

보통 외주는 다양한 형태로 운용된다. 예를 들어 회전축이나 나사와 같은 단순부품을 제작하는 경우도 있고, 좀더 복잡한 조립품을 제작하는 경우도 있는데 이때 구성부품이 수백 개에 달하는 것도 있다. 이처럼 수많은 구성부품을 모두 외주주는 방식을 '일괄외주'라고 한다. 일괄외주를 주게 되면 공장에서는 그만큼 신경을 쓰지 않아도 되기 때문에 조건에 맞으면 일괄외주를 주는 경우가 많다.

일괄외주에 있어서 중요한 것은 Q·C·D이다. 최근 들어 외주공장의 수준이 꾸준히 향상되고 있어서 Q(품질)와 C(원가)에 대해서는 별로 문제가 없다. 그러나 D(납기)의 단축과 정확성에는 아직 개선의 여지가 있다.

일반적으로 외주공장은 간접업무를 담당하는 요원을 거의 보유하지 않는 데다가 작업자가 부족할 경우 이를 보완할 수 있는 고도의 일정관리시스템 또한 도입되어 있지 않은 경우가 많다. 때문에 일괄외주를 하게 되면 부품구성이나 공정이 매우 복잡해지면서 혼란스러워지는 경우가 많다.

따라서 외주업체가 생산일정을 자체적으로 통제하기 위해서는 고도의 일정관리시스템으로 무장하는 수밖에 없다. 이러한 조건이 달성되어야 원청업체가 요구하는 일정관리(Just In Time)를 무리없이 실현할 수 있다.

공정외주방식

공정외주방식은 일괄외주방식과는 반대되는 개념으로서 원청업체가 재료를 제공하고 외주공장에게는 일부 부품의 가공만을 위탁하는 방식이다.

위탁하는 가공공정은 최초공정만을 위탁하거나 완성까지의 모든 공정 중 일부 또는 전부를 위탁하는 등 여러 가지 방법이 있다. 또한 여러 개의 외주공장을 돌아가며 이동하는 경우도 있다.

이러한 공정외주방식은 원청업체로서는 사무처리 측면에서 상당히 번거롭고 품질수준을 맞추기도 어렵기 때문에 가급적 도입하지 않는 것이 좋다. 즉, 일부 생산가공의 특수성, 원가, 생산능력의 과부하 여부, 납기 등의 측면에서 불가피한 경우 외에는 일괄외주방식이 더욱 효율적이다.

어쨌든 외주공장은 고도의 관리시스템을 갖추지 못한 경우가 많으므로 원청업체가 재료를 적시에 제공해주어야 한다. 그리고 재료를 정확하게 제공하기 위해서는 생산에 대한 기준일정을 수립해야 하며 결국 외주공장의 생산일정계획을 별도로 수립해야 한다. 따라서 자체적으로 생산관리를 하는 것에 비해 사무처리 등이 번거롭고 원가도 낭비되는 경우가 많다.

또한 외주공장에 재료를 제공하는 경우 그것을 무상으로 할지 유상으로 할지도 사전에 결정해야 한다.

공정외주와 일괄외주

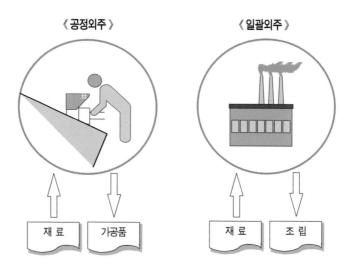

《 공정외주 》　　　　《 일괄외주 》

재료　　　가공품　　　　재료　　　조립

4장

생산준비

3 1 　생산준비의 정보처리

생산관리와 관련된 정보

흔히 공장이라고 하면 대부분의 사람들은 기계작업 소리, 작업자의 땀, 머리 위를 달리는 크레인 등의 이미지를 떠올린다. 물론 이와 같은 하드웨어적인 측면도 있지만 소프트웨어적인 측면 역시 간과해서는 안 된다. 특히 최근에는 많은 공장들이 오히려 소프트웨어적인 측면에 중점을 두는 경향이 있다.

여기서 말하는 소프트웨어란 정보를 뜻하며, 공장에서의 정보란 대부분 생산관리에 관한 것이다. 질적인 측면에서 볼 때 정보는 정합성, 정확성, 관련성, 망라성, 상세성, 완전성 등이 중요하며 이를 위해 양적인 측면에서 수많은 정보들이 존재한다.

생산준비를 위해 처리해야 하는 정보의 양은 상당히 방대하다. 그 이유는 공장에서의 생산방식이 철저한 분업으로 이루어지기 때문이다.

생산관리에서 커뮤니케이션의 중요성

분업이 되면 당연히 커뮤니케이션(communication)이 필요하다. 아무리 고도의 계획을 수립했다 하더라도 그 내용이 생산을 담당하는 모든 사람들에게 적시에 정확하게 전달되지 않으면 아무런 의미가 없다. 따라서 생산의 효율성을 높이기 위해서는 생산준비라고 하는 독특한 커뮤니케이션이 절대적으로 필요하다.

▌생산효율을 높이는 정확한 준비

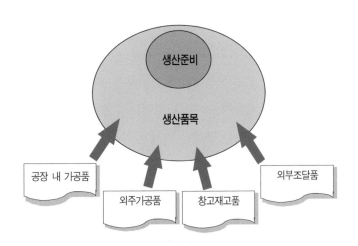

생산품목의 구분

공장 내의 조직이나 분업은 각각의 회사 특성에 맞게 다양하게 이루어지기 때문에 비슷한 경우는 거의 없다. 다시 말해 각각의 공장에서 만들어진 제품, 공정, 환경 등을 자세히 살펴보면 항상 몇몇 차이를 발견하게 된다. 따라서 생산품목을 자세히 파악하려면 공장 내 가공품, 외주가공품, 창고재고품, 외부조달품의 4종류로 구분하여 검토해야 한다.

생산준비도 이 분류기준에 따라 이루어진다. 따라서 생산준비를 위한 정보의 작성순서는 위와 같은 4가지 종류로 구분하여 작성되는데 우선 생산준비를 위한 정보처리 절차에 대해 살펴보면 다음과 같다.

기준생산계획의 입력

생산준비정보를 작성하기 위해서는 우선 준비계획을 수립해야 한다. 생산준비계획은 기준생산계획에 근거하여 수립되는데 기준생산계획의 주요내용은 제품명, 수량, 납기이다.

매월 공장에서 생산되는 품목은 적게는 수십 개에서 많게는 수백 개에 이른다. 보통 납기는 일별로 표시되지만 계획의 범위는 최소한의 리드타임을 만족시킬 필요가 있다. 예를 들어 최장리드타임이 90일이라면 최소한 3개월분의 생산계획이 수립되어야 한다. 이러한 기준생산계획을 매트릭스로 나타내면 그 크기가 어마어마해서 쉽게 이용할 수가 없다. 따라서 대부분의 공장은 생산계획을 전산으로 처리한다.

기준생산계획은 다음 도표와 같이 준비정보를 작성하기 위한 일련

준비정보를 작성하기 위한 프로세스

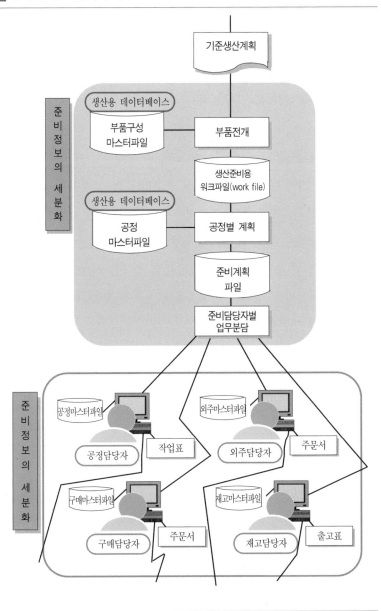

의 정보처리가 이루어진다.

구성부품으로 전개(분해)

기준생산계획을 입력하면 생산용 데이터베이스인 부품구성 마스터 파일에 따라서 완성품을 구성하는 부품이나 재료의 필요량 및 납기를 계산할 수 있다. 부품구성 마스터파일의 중요한 데이터 항목으로는 완성품을 구성하는 부품이나 재료명, 각 제품의 모자(母子)관계, 모(母)제품 한 개에 대한 자(子)부품의 구성수(필요수), 품목별 기준일정, 각 품목의 로트사이즈 등이 있으며 이에 대한 자세한 내용은 이미 앞에서 설명하였다. 이들 데이터와 기준생산계획을 연관시키면 완성품을 만들기 위해 준비해야 할 구성품목별 정보를 작성할 수 있다. 이 단계에서 생성되는 정보는 완성품을 구성하는 모든 부품 및 재료별 수량과 납기 등이다.

지금까지 설명한 정보는 개략적인 것으로서 실제 생산현장에서는 보다 상세한 세부정보가 필요한데, 이러한 정보를 생산준비용 워크파일(work file)이라고 한다.

공정별로 전개(분해)

이어서 생산준비용 워크파일과 생산용 데이터베이스인 공정 마스터파일을 대조하여 처리한다. 다음 도표에서 보듯이 공정 마스터파일의 주요 데이터 항목으로는 구성품별 공정과 공정별 기준일정이 있다. 예를 들면 부품 X의 제1공정은 선반가공, 제2공정은 밀링가공, 제3공정은 마무리가공이다. 또한 기준일정은 선반가공 2일, 밀링가공 3

일, 마무리가공 2일로 되어 있다.

이들 데이터와 워크파일의 구성품별 납기를 대조하여 공정별로 착수일과 완료일을 계산한다. 예를 들어 부품 X의 납기가 3월 9일인 경우는 공정별 착수일과 완료일을 알 수 있다. 여기서 공정이라는 단어는 광의의 의미로서 단순히 공장 내의 작업뿐만 아니라 구매나 외주도 포함된다. 예를 들어 구매처에서 철강재를 구입할 때는 그 구매처가 바로 구매공정이 된다.

공정 마스터파일과 워크파일의 대조

공 정	선반가공		밀링가공		마무리가공	
기준일정	2일		3일		2일	
날 짜	3일	4	5	6	7	8	9
준 비	착수일	완료일	착수일	~	완료일	착수일	완료일

다음으로 컴퓨터를 활용하여 지금까지 데이터 처리에 따라 생성된 정보를 요약·정리하여 생산준비계획 파일을 만든다. 파일의 주된 데이터 항목은 품명, 공정(또는 조달거래처), 로트번호, 수량, 착수일(또는 발주일), 완료일(또는 납기일)이다. 이로써 준비정보의 세분화 작업이 종료된다.

이처럼 준비정보를 세분화하는 이유는 생산활동 그 자체가 극도로 분업화되어 있기 때문이다. 예를 들어 제품의 종류가 100개인 공정을 생각해 보자. 평균적인 부품 종류는 50이고, 부품 1개당 공정수는 5라고 하자. 또한 중간재고를 최소화하기 위해 로트사이즈를 3일분으로 하여 동일한 품목에 대한 준비빈도는 월별 10회라고 가정해 보자.

이 경우에 필요한 준비건수의 계산은 다음과 같다.

$$100 \times 50 \times 5 \times 10 = 250,000$$

여기서는 제품의 종류나 구성품의 수 등이 동일하다는 전제하에 계산한 것이다. 다시 말해 제품의 종류나 구성품의 수가 상이하다면 엄청나게 방대한 정보가 필요하다는 것을 알 수 있다.

준비담당별로 구분

세분화된 준비정보 중에서도 특별한 정보는 더욱 상세하게 작성할 필요가 있다. 왜냐하면 지금까지의 내용으로는 아직 구체적인 준비를 할 수 없기 때문이다. 따라서 어떻게 상세하게 작성할지에 대해 사전준비를 해야 한다. 여기서 사전준비란 세분화된 생산준비계획정보를 실제로 생산준비를 담당하는 담당자별로 구분해서 넘겨주는 것을 말한다.

생산준비를 위한 분담은 크게 공장 내의 작업준비, 외부 조달거래처에 대한 준비, 외주공장에 대한 준비, 창고부문에 대한 재고품의 출고준비 등 4가지로 나뉜다. 따라서 작성된 준비계획정보는 적어도 이 4가지로 나눌 필요가 있으며, 165페이지의 도표는 그 흐름을 나타낸 것이다.

규모가 큰 공장에서는 준비담당자의 분담이 더욱 상세하게 되어 있기 때문에 준비정보의 구분도 그에 맞게 이루어져야 한다. 예를 들면 외주공장을 100개사 이상 거느리고 있는 원청공장이 있다고 하자. 이 같은 경우에는 많은 외주공장을 관리하는 데 있어서 다수의 담당자가 나누어 외주공장을 관리할 것이다. 따라서 생산준비를 위한 정보의 상세화는 최종적으로 개별담당자에 의해 완결되므로 담당자별 구분이 필요하다.

생산환경의 변화

지금까지 생산준비의 기본적인 흐름에 대해 설명하였는데, 최근에는 경영의 글로벌화와 전자상거래의 진전 등으로 업무흐름이 상당히 변화하고 있다. 이에 대한 정보처리시스템에 대해서는 이 장의 마지막에서 설명하기로 하고, 여기서는 구매나 외주 등에서 변화되어가는 준비정보의 내용에 대해 언급하기로 한다.

기업의 생산환경은 종래의 폐쇄형에서 개방형으로 변화하고 있다. 즉, 과거에는 외주가 매우 한정된 범위 내에서만 이루어졌으나 현재에는 국경을 초월할 만큼 그 범위가 확대되고 있다. 이처럼 폐쇄형에서 개방형으로 변화할수록 생산준비정보의 전달에 있어서도 변혁이 필요하다.

폐쇄형의 생산에서는 준비정보의 내용이 굳이 범용적일 필요는 없다. 극단적인 경우에는 '어떤 유형의 부품'이라든지 '될 수 있는 한 빨리'처럼 표현해도 무방하다. 그러나 개방형에서의 생산준비는 불특정 다수를 대상으로 이루어지기 때문에 누구에게나 정확한 정보가 전달되어야 한다. 다시 말해 준비정보의 표준화가 선행되어야 한다.

현재 생산관리와 관련된 표준코드로 유엔(UN)의 EDIFACT(국제연합표준)의 적용범위가 점차 확대되고 있다. 이 표준의 특징은 거래에 필요한 정보는 제품이나 거래처의 코드뿐만 아니라 조회, 입고통지, 지불최고 등 생산준비업무에 필요한 메시지 전체를 표준화하고 있다는 것이다.

이처럼 기업이 세계화되고 생산관리방식이 개방형으로 변화됨에 따라 전 세계적인 생산관리 표준화 작업이 급속도로 진전되고 있다.

3 2 준비정보의 다양성(1)

세분화된 준비계획정보는 각각의 담당자별로 더욱 세분화되며 이에 따라 구체적인 생산준비가 이루어진다. 다음의 사례를 통해 생산준비 작업에 대해 살펴보기로 하자.

공장 내에서의 작업준비정보

공장 내에서의 작업준비를 위해 공정별·작업별로 작업표를 발행한다. 일반적으로 이러한 작업표를 작성하는 곳은 공정관리 부문이며, 작업표에는 품명·수량·완료일·가공에 필요한 표준시간·작업절차·검사기준·작업상의 주의사항 등이 기재된다. 반복생산하는 품목의 경우 이러한 작업표의 내용에는 거의 변동이 없으며, 따라서 컴퓨터를 이용해서 처리할 수 있다.

공정관리 담당자는 이 작업표를 작업책임자에게 전달함으로써 작업준비가 이루어진다. 작업책임자는 이 작업표를 각각의 작업자별로 다시 세분화하여 배분하는데 이를 작업표의 발송이라고 한다. 이로써 생산작업을 위한 준비가 완료된다.

이 작업표에는 작업의 실적을 기입하는 란(蘭)이 있는데, 이 란은 준비단계에서는 기입하지 않으며 작업이 종료되었을 때 그 작업에 필요한 사람·시간·완성수량·불량수량 등을 기입하도록 되어 있다 (다음 페이지 '작업준비용 작업표' 참조).

외부 조달거래처에서의 구매준비정보

외부 조달거래처에 대한 준비란 재료나 부품 등을 구입하기 위해 주문서를 발행하는 것이다. 구매대상이 되는 품목은 수없이 많지만, 준비정보로는 앞에서 설명한 준비계획 파일의 단계에서 품명·수량·납기·구매처 등으로 세분화된다. 그러나 구매업무를 실질적으로 실행하기 위해서는 더욱 상세하게 작성하여 구매담당자에게 제공해야 한다.

상세정보의 주요 항목으로는 구매단가·금액·납품장소·지불조건·분납의 지시 등이 있다. 일반적으로 이러한 항목은 변경이나 수정이 많기 때문에 세세한 곳까지 신경써서 처리해야 한다. 때문에 컴퓨터를 이용하여 구매부문에 대한 정보처리를 하는 경우가 많다.

특히 구매단가는 변동이 빈번하기 때문에 당사자인 구매담당자가 유연하게 처리할 수 있는 시스템으로 해야 한다. 또한 동일품목의 조달거래처가 복수인 경우는 그때마다 주문수량의 배분을 변경할 수 있도록 해야 한다. 구매담당자가 상황에 맞게 상세화한 준비정보는 다음과 같은 구매준비용 주문서에 기입된다.

작업준비용 작업표

년 월 일			작 업 표 (조립)					No.					
주문 No.	제품명		유닛명		유닛조립착수일		조건						
품번		도번	형번	개수	작업표 No.								
공정코드	구분	작업내용	기계	예정일 착수	예정일 완성	표준 시간	실적 시간	불량	수정	합격	치공구		
1													
2													
작업자							비고						
개 시													
종 료													
소 계							합계시간						

(작업표)
(검사표)
(현품표)

구매준비용 주문서

주문일		주 문 서 (구매)		주문 No.				
주문 No.	주문처		귀중	조건				
코드명	납기	납품장소						
품번	부품명	준비구분	도번	사양	로트사이즈	주문수량	단가	금액
비고				상기와 같이 주문합니다.				
				○○주식회사				

(주문서)
(납품서)
(검사표)

3 3 준비정보의 다양성(2)

외주거래처의 외주준비정보

외주공장에 대한 준비란 부품이나 조립품을 만들도록 주문서를 발행하는 것을 뜻한다. 외주대상이 되는 품목은 다양하지만 준비정보는 앞에서 설명한 준비계획 파일 단계에서처럼 품명, 수량, 납기, 외주거래 등으로 세분화된다. 외주의 경우도 구매와 마찬가지로 정보를 상세하게 해야 할 부분이 있는데 이러한 추가정보는 외주담당자가 작성한다. 상세정보의 예로는 재료지급의 유무, 납품장소, 분납의 지시 등이 있다.

이러한 항목들은 구매의 경우와 마찬가지로 변경이나 수정이 많고 돈과 연결되기 때문에 세심한 처리가 필요하다. 이와 같이 외주담당자가 상황에 맞게 상세화한 준비정보는 외주용 주문서에 추가로 기입된다('외주준비용 주문서' 참조).

외주준비용 주문서

<table>
<tr><td colspan="3">주문일</td><td colspan="4" align="center">주 문 서 (외주)</td><td colspan="2">주문 No.</td></tr>
<tr><td>주문 No.</td><td colspan="2">주문처</td><td colspan="3">귀중</td><td colspan="3">조건</td></tr>
<tr><td>코드명</td><td colspan="2">납기</td><td colspan="3">납품장소</td><td colspan="3"></td></tr>
<tr><td>품번</td><td>부품명</td><td>준비구분</td><td>도번</td><td>1대당
개수</td><td colspan="2">로트사이즈</td><td>주문수량</td><td>단가</td><td>금액</td></tr>
<tr><td></td><td></td><td></td><td colspan="7"></td></tr>
<tr><td></td><td></td><td></td><td>1공정</td><td>완성일</td><td>2공정</td><td>완성일</td><td>3공정</td><td>완성일</td><td>5공정 완성일 5공정 완성일</td></tr>
<tr><td colspan="3">비고</td><td colspan="7">상기와 같이 주문합니다.

○○ 주식회사</td></tr>
</table>

(주문서)
(납품서)
(검사표)

출고용 전표

No.

<table>
<tr><td>출고처 코드</td><td colspan="3" align="center">출 고 전 표</td><td colspan="2"></td></tr>
<tr><td>출고원 코드</td><td colspan="3"></td><td colspan="2">발행 년 월 일</td></tr>
<tr><td>주문번호</td><td>품명</td><td>품목코드</td><td>단위</td><td>지시수량</td><td>지시납기</td></tr>
<tr><td>비고</td><td colspan="3"></td><td>실적수량</td><td>실적납기</td></tr>
<tr><td colspan="6"></td></tr>
</table>

창고에서의 출고준비정보

창고에서의 출고준비란 재료나 부품 등을 출고하기 위한 정보로, 통상적으로 재고관리 담당자가 창고의 작업자에게 출고표(출고전표)를 발행하는 절차에 따른다. 그러나 창고의 운영은 재고품목이 원재료인지 중간품인지에 따라 약간씩 차이가 있다.

출고의 방법에는 사용부문의 요구에 따라서 출고하는 풀형(pull type)과 요구가 없어도 계획에 따라서 자동적으로 출고하는 푸쉬형(push type)이 있다. 일반적으로 푸쉬형보다는 풀형이 많이 이용되는데 풀형에 대한 출고절차를 살펴보면 다음과 같다.

풀형 출고의 절차

공정담당자는 재료나 부품이 필요하면 그때마다 창고의 담당자에게 출고표를 제시하고 해당품목을 인수한다. 창고에 출고를 요청하는 부문은 대개 가공의 제1공정, 외주공정 또는 조립공정 등이다. 출고준비정보는 앞에서 설명한 준비계획 파일 단계에서처럼 품명, 수량, 출고일, 재고장소, 출고거래처 등으로 세분화되며, 여기에 재고관리 담당자가 부가하는 정보는 거의 없다. 하지만 준비계획 파일의 데이터는 일단 재고관리 담당자의 컴퓨터에 이체시켜 두는 것이 좋다.

출고준비정보의 양은 작업준비나 구매준비와 마찬가지로 매일매일의 생산실적이 포함되기 때문에 매우 방대하다. 풀형에서 출고준비정보를 입수하는 사람은 가공이나 조립공정 또는 외주를 관리하는 담당자들로서 만약 이 담당자들에게 모든 정보를 제공한다면 관리가 힘들어지게 된다.

따라서 컴퓨터에 저장되어 있는 준비정보를 적절하게 최소한도만 인출하도록 해둘 필요가 있는데, 이렇게 하면 내용이 변경되더라도 간단하게 수정할 수 있다(175페이지 '출고용 전표' 참조).

3 4 준비정보의 다양성(3)

지금까지 생산준비 작업과 관련하여 공장 내의 작업준비, 구매준비, 외주준비, 출고준비에 대해 살펴보았다. 그러나 엄밀히 말하면 공장에서는 이외에도 생산준비와 조달준비에 대해 준비해야 한다.

생산준비

제품이 변경되면 그것을 가공할 기계설비를 변경해야 한다. 특히 전용 기계설비의 경우에는 전면적으로 설비를 바꿔야 하며, 범용 기계설비의 경우에는 본체는 그대로 두더라도 치공구나 부속장치는 교환할 필요가 있다.

이와 같은 사전준비나 작업준비를 위한 정보를 담당자들에게 시의적절하게 상세히 제공하는 것도 광의의 생산준비 작업에 포함된다. 그러나 일반적으로 소규모 공장이나 유사한 제품만을 생산하는 공장에서는 준비작업을 담당하는 사람이 따로 없기 때문에 생산현장의 담당자 스스로가 자발적으로 작업준비를 하게 된다. 또한 다양한 제품을 만드는 공장의 경우에도 수년간 생산현장에서 업무를 수행해 온 현장 담당자가 마찬가지 방법으로 작업준비를 하는 경우가 많다.

이처럼 담당자의 능력에 의지하는 방법은 그 당시의 효율은 높을지 몰라도 객관적인 절차나 방법이 아니므로 다소의 불안감이 남게 된다. 특히 숙련자가 점차 감소하는 경향이 있으므로 될 수 있는 한 빠른 시일 내에 이를 시스템화해야 한다.

조달준비

기준생산계획은 완성품별 납기를 제시하지만 동시에 앞에서 설명했듯이 계획을 기점으로 구성품목의 최장리드타임에 계획사이클을 더한 일수를 감안하여 사전에 부품조달계획을 수립해야 한다. 물론 구성품목 각각의 리드타임에는 장단점이 있다. 따라서 준비정보의 생성이나 전달도 그 길이에 따라서 필요한 최소한의 일수범위 내에서 준비해야 한다. 왜냐하면 너무 바로 앞의 것까지 준비하게 되면 계획의 변경으로 인한 수정 확률이 높아지기 때문이다.

이 때문에 외주공장이나 구매거래처에 대한 준비를 하는 데 있어 납기가 임박할 때 급박하게 납품을 요구하는 경우가 있는데, 외주공장이나 구매거래처로서는 다소 여유있는 일정을 원하게 된다.

이처럼 양자의 상반된 요구를 조정하는 것이 바로 조달준비이다. 일반적으로 조달준비의 정보형식은 주문서와는 달리 월별 또는 주별 생산예정과 같이 개략적으로 표시된다. 이 같은 대략적인 정보라도 외주공장 등의 공급측으로서는 매우 귀중한 정보가 된다.

3 5 준비정보 매체와 네트워크(1)

생산계획을 수립하면서 준비용 데이터베이스에 따라서 세분화하고, 아울러 실무 담당자별로 업무를 상세히 할당하게 되면 비로소 구체적인 생산준비정보가 완료된다. 이렇게 작성된 준비정보는 공장 내외에 흩어져 있는 관계자에게 전달해야 한다.

준비정보를 전달하는 매체

일단 생산계획정보를 관계자들에게 어떠한 매체를 통해 전달할 것인가를 결정해야 한다. 일반적으로 준비정보의 대표적인 매체는 종이로 만들어진 장표류(帳票類)를 들 수 있는데, 그 중 몇 가지 유형에 대해서는 이미 살펴보았다.

이전에는 이러한 매체 외에는 거의 생각할 수 없었지만 최근에는 컴퓨터와 정보통신(C&C : Computer & Communication) 기술의 발달에 따라서 크게 변화하고 있다. 이에 대한 몇 가지 사례를 살펴보기로 하자.

요즘에는 데이터 처리 단말기를 주변에서 흔히 볼 수 있으며, 당연히 생산준비정보를 화면으로 표시하는 회사도 많아졌다. 다만 생산준비정보를 바탕으로 생산 여부에 대한 최종적인 의사결정을 내리거나 행동하는 대상은 바로 생산을 담당하는 사람이다. 따라서 담당자가 그 내용을 읽지 않는다면 아무 의미가 없다.

화면에 나타난 준비용 양식이나 항목은 기본적으로 과거의 장표내용과 거의 차이가 없다. 요컨대 변화한 것은 내용이 아니라 바로 매체의 형태라고 할 수 있다.

최근에는 새로운 매체가 등장하고 있는데 다음과 같이 바코드가 인쇄되어 있는 작업표가 그것이다. 이들 전표의 공통점은 계획에 따른 준비나 지시 그리고 이러한 계획에 대응하는 실적치의 피드백(feedback)이라는 2가지 기능이 동시에 담겨져 있다는 것이다. 즉, 준비 데이터와 실적 데이터의 대조를 통해 준비가 정확하게 실행되고 있는지를 확인할 수 있는 것이다. 이를 위해 우선 생산준비와 관련된 기록을 기재하고, 다음으로 실적이 집계될 때마다 앞의 준비기록을 자동적으로 검색하여 삭제하면서 새로운 준비기록이 작성되는 것이다.

그러나 이러한 방식은 상당히 번거롭다. 때문에 준비전표의 번호나 주항목만을 바코드로 처리하는 새로운 방법이 고안되었으며, 이외의 상세한 정보는 모두 바코드에서 검색할 수 있다. 단, 바코드 그 자체는 컴퓨터 시스템으로만 인식할 수 있으며 사람이 판독할 수 없다. 따라서 검색된 준비정보는 사람이 판독할 수 있도록 컴퓨터 단말기 화면에 표시되는데, 이는 전표와 디스플레이를 병행하여 정보를 전달하는 것이다. 이러한 의미에서 바코드를 인쇄한 전표는 절충적인 매체

년 월 일			작 업 표 (조립)								
주문 No.	제품명		유닛명		유닛조립착수일		조건				
품번		도번	형번	개수	작업표 No.						
공정코드	구분	작업내용	기계	예정일 착수	예정일 완성	표준 시간	실적 시간	불량	수정	합격	치공구
1											
2											

라고 할 수 있다.

생산준비정보는 양이 방대하다는 것 외에도 생산하기 이전에 이를 전달해야 할 거래처가 산재되어 있다는 특징이 있다. 따라서 준비정보를 효율적으로 전달하기 위해서는 데이터 통신 시스템의 이용이 필수적이다.

3 6   준비정보 매체와 네트워크(2)

정보전달의 네트워크

공장 내에서 준비정보를 전달하는 데이터 통신 시스템으로는 LAN
(Local Area Network)이 일반적이다. 그리고 공장 이외의 장소에 대해
서는 전용회선, 공중회선, VAN(Value Added Network)에서 최근 인터
넷과 인트라넷으로 빠르게 발전하고 있다. 다음 그림은 VAN의 이미
지를 나타낸 것으로, 이처럼 공장과 공장 이외의 데이터 통신을 이용
하게 되면 정보를 각각의 이용자에게 자연스럽게 전달할 수 있다.

이와 같이 정보네트워크는 고도화되어 왔지만, 준비정보를 정확하
게 전달하기 위해서는 몇 가지 전제조건이 있다. 우선 정보를 보내는
측과 받는 측이 확정되어 있어야 하고, 또한 전달의 수단·경로·시
점도 규칙화할 필요가 있다. 일상생활에서 의사소통을 할 때에도 어
느 정도의 규칙을 정하지 않으면 안 되는 것처럼 비즈니스 세계에서
는 더욱 더 엄격한 규칙을 수립해야 한다.

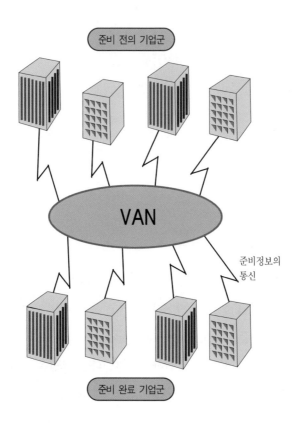

과거 전표나 전화를 이용하던 시대에는 생산준비정보를 전달자 상호간의 직감에 따라 얼마든지 판단할 수 있었기 때문에 개략적으로 해도 상관없었다. 그러나 요즘처럼 컴퓨터가 그 역할을 대신하는 경우에는 직감이 통용되지 않기 때문에 더욱 엄격한 규칙이 필요하다.

정보전달 수단으로서의 EDI와 VAN

현재 널리 보급되어 있는 전자데이터교환(EDI : Electronic Data Interchange) 등은 그 전형적인 예라고 할 수 있다. EDI는 한마디로 '기업간에 주고받는 수발주 정보를 전자화하고 네트워크를 개입시켜 데이터 통신 시스템간에 직접 교환한 것'이라고 할 수 있다. 이러한 정의에 따르면 생산준비정보 등은 최적의 대상이 되는 셈이다.

EDI의 기본적인 조건은 기업이 보유하는 컴퓨터의 종류가 모두 달라도 상호 송수신이 맞는 데이터를 직접 인식할 수 있다는 것이다. 이를 위해서는 통신 프로토콜뿐만 아니라 비즈니스 프로토콜도 규칙화할 필요가 있다. 그러나 프로토콜의 동일화 작업을 개별기업마다 진행하는 것은 큰 문제이다. 왜냐하면 각각의 기업이 거래하는 상대방이 상당히 많기 때문이다.

이처럼 모든 작업이나 거래처 정보를 표준화하여 낭비를 최소화하고자 하는 것이 바로 VAN의 아이디어이다.

작업이나 정보를 표준화하는 경우 데이터에 포함되는 항목도 사전에 결정할 필요가 있다. 예를 들어 일본 전자공업협회의 경우 EDI의 '표준 1A' 정보유형(message format)이라고 하여 61개 항목을 표준화하여 책정하고 있는데, 이를 예시하면 데이터의 처리 No., 정보구분, 작성일자, 수주자코드, 품명코드, 주문거래처, 주문번호 … 부가가치세 구분, 과세구분, 부가가치세액, 합계액 등이 있다.

따라서 방대한 생산준비정보를 효율적으로 처리하기 위해서는 컴퓨터나 데이터 통신 시스템을 활용해야 하며 이를 위해서는 사전에 정보나 작업의 표준화가 중요하다.

5장

진척관리

3 7 진척관리

이 장에서는 생산관리의 세 번째 주제인 진척관리에 대해서 설명하고자 한다. 생산계획이나 준비에서는 이론이나 절차에 중점을 두었지만 진척관리에서는 사고방식이나 행동의 방법이 중심이 된다.

최근 들어 생산관리 측면에서 계획을 수립하는 방법에 대한 이론이 상당히 발전하고 있으며, 생산준비가 시스템화되면서 많은 부분이 컴퓨터로 처리되고 있다. 다시 말해 사람의 주관적인 판단에 의존할 여지가 점차 적어지고 있는 것이다.

그러나 진척관리에 있어서는 아직도 담당자의 업무에 대한 의욕이나 사기가 매우 중요한 위치를 차지한다. 이러한 관점에서 생산의 진척관리 방법을 살펴보면 해당 공장 담당자들의 생산에 대한 사고방식이나 수준을 쉽게 알 수 있다.

진척관리의 우등생

우리나라 공장에서 이루어지고 있는 진척관리는 상당히 엄격하다. 과거 유럽이나 미국에서 볼 수 있었던 '출고가능한 시점이 곧 납기'라든가, '생산일정의 오차 범위 내에서 이루어지면 그것으로 족하다'는 식의 사고방식은 더 이상 통용되지 않는다.

영어로 납기를 '데드라인(dead line)'이라고 하며, 우리나라에서도 말 그대로 납기는 반드시 사수해야 한다는 인식이 강하다. 그것도 단순한 정신적 차원을 넘어 진척관리라고 하는 독특한 방식으로까지 발전하고 있다. 주지하는 바와 같이 경영관리활동의 기본 원리는 다음의 3단계를 사이클링으로 반복하는 것이다.

- 계획(Plan)
- 실행(Do)
- 통제(See)

계획에 해당하는 계획기능과 통제에 해당하는 진척기능을 밀접하게 병용하는 우리나라의 생산관리는 이 원리에 가장 충실한 모범답안이라고 해도 과언이 아니다.

제어의 메커니즘

계획·실행·통제라는 경영관리활동과 관련된 사이클의 기원은 제어의 경영이론에서 발전되었다. 다음 도표는 이러한 제어의 메커니즘을 간략하게 나타낸 것이다. 여기서는 제어의 대상이 되는 본체시스템으로 제조시스템의 예를 들었는데 어떤 활동을 대입해도 상관없다.

도표를 보면 두 개의 시스템이 있는데 그 하나는 본체의 제조시스

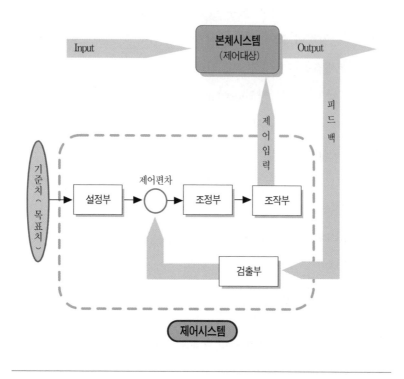

템이고, 다른 하나는 그것을 제어하는 진척관리시스템이다. 본체인 제조시스템은 투입된 재료를 제어시스템의 납기지시표에 따라 가공한다. 제조가 완료된 시점의 실적치는 제어시스템의 검출부에 의해 인식되며, 인식된 데이터는 계획에 피드백되어 사전에 설정되어 있는 기준치(계획납기)와 대비된다. 만약 차이가 있을 경우 제어편차(납기지연)로서 조정부로 보내지고 거기에서 본체시스템의 수정조작(지연의 회복)에 필요한 조작량이 산정된다.

조작부(생산관리 담당자)는 이 값에 따라서 본체, 즉 제조시스템을 조작한다. 다시 말해 생산에 대한 지연시간을 회복하기 위해 모든 수단을 강구하게 된다.

이상의 제어 메커니즘을 요소기능으로 분해하여 공장에서 이루어지고 있는 진척관리의 조직과 비교하면 다음과 같으며, 경영관리나 제어의 원리가 어떤 방법으로 지켜지고 있는가를 알 수 있다.

▌ 제어의 메커니즘과 진척관리 조직의 비교

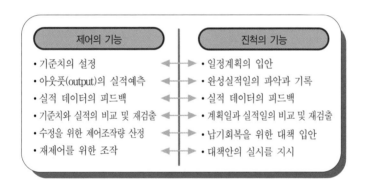

캠업의 사고방식

생산관리 분야에서는 '사망진단서는 필요없다', '옛날 신문은 가치가 없다'라는 말이 종종 회자된다. 이는 진척관리의 목적은 납기에 늦지 않도록 사전에 예방하는 것으로, 일단 늦어버린 결과를 놓고 이러쿵저러쿵 해봐야 소용없다는 것을 의미한다.

다시 말해 진척관리는 단순한 실적보고에 머물러서는 안 되며 어떻게 해서든 지연을 사전에 예방할 수 있는 방안을 제시해야 한다는 것이다. 이를 위해 실적보고는 빠르면 빠를수록 좋으며 POP(Point Of Production)와 같이 실적이 발생함과 동시에 데이터를 처리하는 리얼타임 방식이 보급되고 있다. 그러나 아무리 신속하게 전달한다 하더라도 실적은 역시 결과라는 과거에 지나지 않는다. 회복을 위해 행동에 착수하는 시점은 아무리 서둘러도 예방책이 될 수 없다.

이와 같은 반성에서 생겨난 진척관리 방법이 캠업(cam up)으로서 그 어원은 기계부품의 캠(축의 회전을 여러 가지 다른 운동으로 바꾸는 장치)의 작동에서 비롯되었다. 캠은 운동에너지를 전달하는 기계로, 원동부(原動部)와 종동부(從動部)로 이루어진다. 원동부가 회전하면 그 돌출부분에 의해 종동부가 밀려 올라간다. 다시 말해서 캠이 올라가기 때문에 캠업(cam up)이라고 한 것이다.

이 메커니즘을 진척관리에 응용한 것이 바로 캠업시스템(cam up system)이다. 이 시스템에서는 주문서나 작업표의 메모를 납기별로 나누어 파일링한다. 그리고 기일이 도래하여 n일 전(예를 들면 3일 전)이 되면 해당 파일을 꺼내 주문거래처에 납기가 3일 후로 다가왔음을 알려준다.

만약 주문거래처가 잊고 있었다면 이에 즉각 준비할 것이고, 어떻게 해서든 납기일에 맞추기 위해 그 회답에 대한 대책을 강구할 것이다. 다음 도표는 캠업파일의 이미지를 나타낸 것으로 실제로 파일링업무는 시간이 많이 걸리기 때문에 전적으로 컴퓨터를 이용해야 한다.

이처럼 진척관리는 다소 뒤쫓는 형태라 할 수 있으므로 예방형으로 전환해나가야 한다.

캠업파일과 리스트

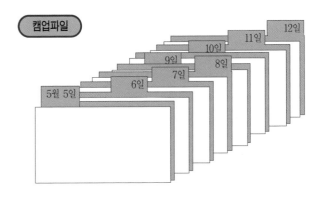

캠업파일

5월 5일 6일 7일 8일 9일 10일 11일 12일

캠업리스트

품명	수량	구매처	주문번호	납기	비고
(a)	50	×××	×××	4/29	늦음
(b)	10	×××	×××	4/30	〃
(c)	20	×××	×××	5/1	〃
(d)	20	×××	×××	5/1	〃
(e)	15	×××	×××	5/4	※
(f)	30	×××	×××	5/5	※
(g)	5	×××	×××	5/5	※
(h)	20	×××	×××	5/5	※

* ※ 표시는 해당일(5월 2일) 캠업해야 하는 것

38 진척관리의 정보시스템

정보가 없으면 진척관리를 할 수 없다. 문제는 이러한 정보를 어떻게 수집하고, 또 수집한 정보를 어떻게 편집해야 진척을 효율적으로 파악할 수 있을까 하는 것이다. 즉, 진척관리를 처리하는 시스템을 어떻게 디자인해야 하는가에 대한 문제인 것이다.

진척정보의 개략적 내용과 단위

진척관리는 계획과 실적의 대비에 따라서 진행되기 때문에 실적에 대한 보고단위는 계획의 단위와 일치시킬 필요가 있다. 예를 들어 제3공정에서 3월 10일에 부품 A를 가공한다는 내용의 계획은 부품별 공정계획에 해당되는 것으로, 이는 당초부터 그 단위로 진척관리할 것으로 예정되어 있음을 의미한다. 따라서 제3공정은 부품을 실제 몇 번 가공했는지 보고할 필요가 있다. 그러나 부품별 완성일을 계획하더라도 공정별 계획이 없다면 공정별 실적데이터를 수집해도 큰 의미가 없다. 다시 말해 계획이 있어야 실적이 의미가 있는 것이다.

진척정보의 편집

생산현장에서는 생산준비계획에 따라서 생산한 후 실적을 보고하는데, 진척관리에 도움이 되기 위해서는 보고된 실적데이터를 일목요연하게 정리해야 한다. 기본적으로 진척관리는 세로와 가로의 2가지 측면에서 이루어져야 하며 진척정보도 이에 맞도록 편집되어야 한다. 다만 계획생산과 주문생산은 생산방식 등의 차이가 있기 때문에 정보를 처리하는 데 있어 차이가 있다.

계획생산에서 이용되는 진척정보의 이미지는 다음 도표에서 보는 바와 같이 가로진척을 나타내는 공정별 진척표와 세로진척을 나타내는 부품별 진척표가 주로 이용된다.

공정별 진척표는 말 그대로 해당 공정에서 진행 중인 가공품이 각각 어떠한 진척상황에 있는가를 나타내는 것이다. 다음의 공정별 진척표에 따르면 부품 B는 3월 10일 현재 전(前)공정으로부터 누계로 100개를 인수해야 하는데, 실적은 95개로 되어 있다. 다시 말해 인수해야 하는 물량에 비해 5개가 지연되고 있는 것을 알 수 있다. 또한 완성시켜서 후(後)공정으로 보내기로 계획된 것이 90개이나 실적은 88개이므로 2개가 지연되고 있는 것을 알 수 있다.

한편 부품별 진척표를 보면 특정의 가공품이 각각의 공정에서 어떻게 처리되고 있는지를 알 수 있다. 도표를 보면 3월 10일 현재 부품 A는 자재 준비가 20개 지연되고 있는 반면 외주와 기계가공은 상당히 많이 진척되어 있다는 것을 알 수 있다. 또한 조립공정에서는 생산

진척정보의 파악

공정별 진척표

○○공정   3월 10일 현재

품명	수 입			수 입			비고
	계획	실적	차액	계획	실적	차액	
B	100	95	5	90	88	2	7
C							
E							

부품별 진척표

3월 10일 현재

품명	자재부문	외주부문	기계가공부문	조립부문
A	−20	+18	+10	−15
B				
C				
D				

부품별 공정진척표

5월 19일 현재

품명	개수	공정명		공정명		공정명		공정명	
		계획일	실적일	계획일	실적일	계획일	실적일	계획일	실적일
(ㄱ)	20	선반		밀링		연삭			
		5/11	5/11	5/14	5/15	5/17			
(ㄴ)	15								
(ㄷ)	15								

이 15개 지연되고 있다는 것을 알 수 있다.

또한 이 부품별 진척표를 통해 세로의 진척상황도 알 수 있다. 일반적으로 계획생산의 경우에는 가로의 진척관리에 많은 비중을 두고 세로의 진척관리에 대해서는 취약한 편인데, 이러한 진척 파악에 따라서 생산관리를 효율적으로 보강할 수 있다.

종합진척표

주문생산에 이용되는 진척정보의 이미지는 앞에서 예시한 부품별 공정진척표와 다음의 주문별 종합진척표를 통해 알 수 있다. 예를 들어 부품별 공정진척표에 따르면 5월 19일 현재 부품(ㄱ)은 연삭공정에서 작업 중인 것을 알 수 있다. 지금까지의 경과를 살펴보면 처음 선반공정에서 5월 11일에 완성될 계획이었던 것이 예정대로 진행되고 있다.

다음의 밀링공정은 계획이 14일인데 반해 실적은 15일로 나타나고 있다. 그리고 세 번째의 연삭공정에 이르러서는 계획이 17일인데 19일 현재에도 미완성이다. 이 시점에서 이미 2일 지연되고 있으므로 현장에 가서 원인을 살펴보고 대책을 수립해야 한다는 것을 알 수 있다.

다음의 주문별 종합진척표에 대해 살펴보기로 하자. 이 사례에서 주문번호(order number)는 313이고, 납기는 9월말(그림에서는 E로 표기)로 되어 있다. 또한 검토하는 현재의 시점은 6월 20일이다.

앞에서 언급했듯이 개별주문생산의 특징은 설계·재료조달·가공·외주·조립까지의 모든 생산과정을 전체적·종합적으로 관리한다는 것이다. 이를 위해 각 생산과정의 진척정도를 일원적으로 파악할

주문별 종합진척표

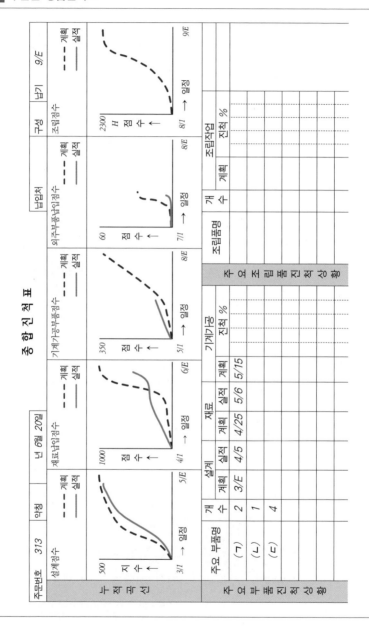

필요가 있다.

개별주문생산의 또 하나의 특징은 제조번호를 구성하는 재료나 부품의 종류가 많다는 것이다. 이에 대한 대책으로 모든 종목에 대해 관리하되, 중요성에 입각하여 관리할 필요가 있다. 참고로 앞에 예시된 주문별 종합진척표는 이러한 조건을 만족하도록 설계되어 있다. 우선 설계, 재료조달, 기계가공 등 모든 과정의 누적곡선이 있는데, 이에 따라 각 생산과정의 계획과 실적을 일원적·망라적으로 파악할 수 있다.

누적곡선이란 시계열에 따라서 설정한 목표치가 누적되가는 모양을 그래프화한 것이다. 예를 들어 설계의 경우는 계획 목표치를 설계하는 도면의 매수가 된다. 그 총수를 500매라고 가정하면 이것을 3월에 시작하는 최초의 1매부터 5월의 설계최종일에 걸쳐서 어떻게 누적해 나갈 지를 점선으로 표시하는 것이다. 실선의 그래프는 계획에 대응하는 실적치이다. 따라서 양자를 비교하면 진척정도를 알 수 있다.

또한 재료나 부품의 조달과정이나 기계가공과정에서는 목표치를 부품점수로 했다. 도면매수와 부품점수는 비록 차이는 있지만 진척관리 측면에서 보면 동일한 방식이며 이 진척표에는 주요부품의 진척상황란도 있다.

이와 같이 진척정보의 편집이란 계획데이터와 실적데이터를 가로와 세로의 양면에서 비교할 수 있는 정보를 작성하는 것이다. 다만 이러한 정보를 작성하기 위해서는 몇 가지 전제조건이 있어야 한다. 예를 들어 계획데이터를 누적해둘 수 있는 시스템과, 실적데이터가 올라오면 이것을 계획과 비교할 수 있는 시스템이 필요하다. 또한 실적데이터를 실시간으로 피드백할 수 있는 시스템도 필요하다.

3 9 진척정보의 정확성과 신속성

진척관리의 목적은 제품흐름의 실태를 정확하게 파악하는 데 있다. 그러나 제품의 흐름을 정확하게 파악하는 것은 매우 어려운 일이다. 예를 들어 재고를 조사하는 경우 보통 장부수량과 실제수량은 거의 일치하지 않는 것이 일반적이다.

이처럼 장부와 실물이 일치하지 않는 가장 큰 원인은 부정확한 실적정보와 정보의 지연 때문이다. 진척정보의 정확성과 신속성을 높이기 위해서는 몇 가지 주의할 점이 있는데 이에 대해 자세히 살펴보도록 하자.

현품의 고려

보통 공장 현장에 있는 물품에는 짐표나 이동표 등이 첨부되어 있기 때문에 물품을 식별하기 위한 최소한의 조건은 마련되어 있다고 할 수 있다. 그러나 이것을 진척정보로 이용하기 위해서는 담당자들이 진척된 내용을 기록해야 하는데 문제는 바로 여기에서 발생한다. 다시 말해 담당자가 처리된 실질내용과 다르게 기록하게 되면 차이가 발생한다. 따라서 물품이나 용기에 바코드를 붙여 컴퓨터로 진행상황을 자동으로 체크한다면 그 차이를 최소화시킬 수 있다.

리얼타임화

물품이 이동하면 즉시 재고수량의 갱신이 이루어져야 한다. 갱신이 늦어지면 현품의 실태와 장부기록 사이에 차이가 발생한다. 그러나 컴퓨터를 이용하면 현품이동 데이터를 리얼타임으로 처리할 수 있다.

데이터의 정확화

데이터 그 자체도 정확해야 한다. 다시 말해 모든 사실의 정확한 기록이 전제가 되어야 한다. 그러나 현실적으로 정확하게 기록되지 않는 경우가 많이 있다. 즉, 물품이 놓여 있는 공장환경이나 담당자의 인식 부족으로 인해 현품을 정확하게 파악하는 데 한계가 따른다. 다만 최근에는 센서기술이나 바코드 등의 활용으로 이러한 문제가 많이 개선되고 있다.

유닛의 로트화

물품을 다루는 작업에는 품명의 인식 외에 수량의 확인이 필요하다. 보통 공정이나 작업이 많을수록 각 단위작업별 수량을 항상 파악해야 한다. 이러한 수량파악을 효율적으로 하기 위해서는 작업이 일정한 로트별로 이루어질 필요가 있다. 이때 일정 수량을 수용할 수 있는 상자나 팔레트(pallet, 화물을 싣는 깔판)를 준비하면 편리하다.

규칙의 확립

최근 많은 공장들이 구조조정을 통해 종업원 수를 대폭 감축시키고 있다. 이에는 입출고나 검품 담당자도 예외가 아니어서 그 결과 누구나 창고를 드나들며 필요한 물품을 꺼내올 수밖에 없는 상황이 되었다. 그러나 효율적인 물품관리를 위해서는 창고를 출입하는 담당자를 지정하든지 출입기록을 의무화하는 등 최소한의 규칙을 정할 필요가 있다.

진척정보의 포인트

① 현품의 고려

② 리얼타임화

③ 데이터의 정확화

④ 유닛의 로트화

⑤ 규칙의 확립

4 0 의욕과 행동력

진척관리는 관심과 대책이 중요

일반적으로 공장의 진척관리에 대해 민감하게 반응하는 관리자들은 틈만 나면 공장 안을 돌아다니며 진행 중인 제품의 진척을 확인한 후, 진척도가 지연된 작업에 대해 즉시 담당자를 불러 추궁을 하는 경우가 많다.

관리자들이 이처럼 진척관리를 하는 데는 문제가 있다. 즉, 관리자들은 작업 지연에 대해서만 신경을 쓸 뿐 일부 작업이나 공정이 한번 늦어지면 이를 바로 잡지 못한다. 그럼에도 불구하고 공장 안에서 눈으로 확인할 수 있는 것만을 문제시하며 구입품이나 외주품 등 공장 밖에서 이루어지는 작업에는 신경을 쓰지 않는다.

그러나 진척관리는 정보기능 외에도 대책기능이 매우 중요하다. 따라서 어느 정도의 지연정보가 주어지더라도 이에 민첩하게 대응하지 않으면 아무런 가치가 없다.

진척관리에 있어서 최대의 애로점은 무관심이다. 관심이 없으면 행동으로 이어지지 않기 때문이다. 따라서 진척관리는 담당자나 작업자들의 하고자 하는 마음(의욕)에 달려 있다고 할 수 있는데, 그 전형적인 사례를 살펴보자.

진척관리의 실무 사례

어느 정밀기계공장에서 신제품을 개발하였는데 반응이 좋아 생산량이 꾸준히 증가하였다. 그러나 외주공장의 생산체제 정비 문제로 조립에 필요한 부품조달이 지연되기 시작하였고, 급기야 재료의 조달이 중단되어 컨베어링 공정이 중단될 위기에 처하게 되었다.

이러한 상황에서 속을 태우던 어느 담당자는 출근하기 전, 자전거를 타고 외주거래처를 돌면서 부품을 받아 출근하기 시작했다. 이 소문은 곧 공장 전체로 퍼지고 이에 추종하는 사람들이 계속해서 늘어났다. 이렇게 해서 재료조달 문제를 극복할 수 있었다.

담당자들의 이러한 행동이 가능했던 이유는 당시 이 회사가 급속도로 성장하는 단계에 있었고, 담당자들이 젊은 혈기로 가득 차 있었기 때문이다. 이러한 일이 일반적인 현상이 아닐 수도 있다. 그러나 진척관리란 이유야 어쨌든 간에 담당자의 행동력이 가장 중요하다는 것을 잊어서는 안 된다.

진척관리의 구체적 실천방법

진척관리에 필요한 행동력을 기르기 위해서는 다음 2가지 요건이 필요하다. 즉, 첫째는 공장의 방침으로서 납기를 최우선시하는 사고방식을 고취시키는 것이고, 둘째는 생산 담당자들이 진척에 대한 강한 책임감을 자각하도록 하는 것이다. 위의 정밀기계공장의 담당자는 그것을 여실히 보여주고 있다.

그러나 이는 매우 기본적인 것으로 여기에만 의지한다면 오래 지속되지 못할 수도 있다. 따라서 무엇보다도 조직적·체계적으로 시스템을 운영할 수 있어야 한다. 책임감과 행동력을 갖춘 담당자에 의해서 진척관리가 조직적으로 실천될 때 생산관리는 가장 이상적이 될 수 있다.

6장

재고관리

41 재고의 기능(1)

재고는 필요악인가

'재고는 필요악이다'라는 말이 있다. 이는 재고는 본래 있어서는 안되는 것이나 어쩔 수 없이 발생한다는 뜻이다. 이 말의 의미가 정말맞는 것일까? 공급측면에서 보면 옳을 수도 있다. 그러나 고객만족을포함한 종합적인 입장에서 보면 그렇게 간단히 넘어갈 문제는 아니다.

시장에서 재고를 완전히 없애기 위해 모든 제품을 주문을 받음과동시에 생산한다면 과연 어떻게 될까? 이 경우 소비자들은 제품이 생산되기까지 몇 날 몇 일이건 기다려야 할 것이며 불만만 쌓이게 될것이다. 이러한 소비자의 불만은 결국 생산자에게 돌아간다. 따라서생산측면에서 볼 때 재고를 완전히 없앤다는 것은 오히려 역효과를불러일으킬 수도 있다. 이처럼 재고는 생산에 있어서 없어서는 안 될필수불가결한 요소이다. 물론 낭비되는 재고는 논외의 문제이다.

재고의 기능을 제대로 살리면서 적정한 재고수준을 유지해 나가기 위해서는 고도의 관리가 필요하다.

재고의 완충기능

재고의 기능을 어떻게 활용하느냐에 따라 공장의 생산성이 크게 달라진다. 재고의 가장 본질적인 역할은 완충(buffer)기능으로서 이러한 완충기능을 잘 이용하면 다음과 같이 로트효과, 예측오차의 보완, 납기 확보, 부하조정 등의 효과를 볼 수 있다.

① 로트효과

1회당 생산수량을 크게 함으로써 생산성을 높이는 것을 의미한다. 예를 들어 1회에 제품 100개를 생산할 경우에 생기는 재고와, 10개씩 10회로 나누어서 생산할 경우에 생기는 재고를 비교하면 확실히 후자 쪽이 유리하다. 다시 말해 재고를 보유함으로써 생산성을 높일 수 있다.

② 예측오차의 보완

재고는 예측오차를 보완하는 효과가 있다. 즉, 예측에는 오차가 생길 수 있는데 재고가 있다면 예측을 잘못함으로써 발생하는 부족을 충당할 수 있다.

③ 납기 확보

재고를 보유하게 되면 납기를 확보할 수 있다. 주문을 받았을 때 재고가 있다면 즉시 납품할 수 있기 때문이다.

④ 부하의 조정

고객으로부터의 주문량은 일정하지 않기 때문에 공장의 업무 또한 불규칙적이기 마련이다. 따라서 고객의 주문을 예상하여 미리 생산한다면 일시적으로 재고가 발생할 수 있다. 그러나 이로 인해 부하부족이 충당될 뿐만 아니라 과부하도 경감할 수 있다. 즉, 재고에 의한 부하의 조정이 가능하다.

재고의 완충기능

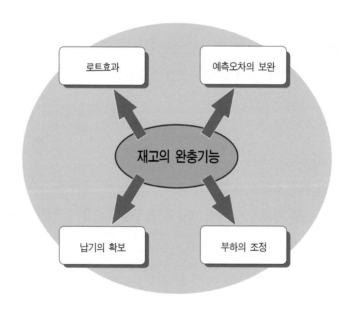

4 2 재고의 기능(2)

재고의 제로화가 가능한가

재고가 생산성 향상에 공헌한다고 설명했는데 바꿔 말하면 재고가 없으면 공장에서 제품을 만드는 것도 무리라고 할 수 있다. 그 이유는 다음과 같다.

다음 도표는 공장의 일반적인 생산과정을 나타낸 것이다. 완성품창고부터 살펴보기로 하자. 여기에는 완성품이 있고 고객의 주문에 따라 완성품이 출하된다. 그 이전에는 조립공정이 있는데 이 공정을 통해 제품이 완성될 때마다 창고에 입고된다. 이 단계에서 조립이 완성되는 순간에 이와 동일한 수량의 주문이 들어온다면 완성품창고는 필요없게 된다. 그러나 현실적으로 수천수백 종류의 제품을 만드는 공장에서는 불가능한 일이다. 따라서 주문에 대기할 수 있는 완충기능이 필요하다.

조립공정 이전에는 부품창고가 있다. 여기에는 부품의 재고가 있으

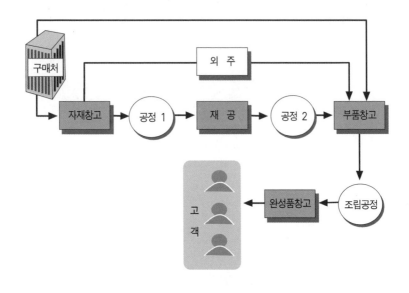

며 조립계획에 따라서 부품이 출고된다. 그리고 그 이전에는 사내공
정이나 외주구매처가 있고 각각으로부터 부품이 운반되어 입고된다.
만약 이러한 입고품목·수량·납기를 조립계획과 완전히 일치시킬
수 있다면 부품창고는 필요없게 된다.

그러나 이는 이론적으로만 가능할 뿐 현실적으로는 불가능하다. 왜
냐하면 조립단위, 외주구매, 사내공정 각각의 로트(lot)가 다르기 때문
이다. 예를 들어 볼트와 너트는 단수로 구입할 수 없으며, 생산단위별
로 구입해야 한다. 이처럼 조립로트와 부품로트의 차이를 메우기 위
해서 재고가 필요하다.

공정과 공정 사이에 있는 미완성의 반제품도 일종의 재고에 해당된다. 전후공정의 로트 가공시간이 다르면 결국 공정간에도 재고가 발생한다. 예를 들어 열처리 공정이나 프레스 공정의 능률을 향상시키기 위해서는 어느 정도 이상의 로트량이 필요하다.

그러나 선반이나 연삭과 같이 1개씩 가공하는 공정도 있다. 즉, 같은 공장 내의 공정이라 하더라도 로트간의 차이는 반드시 존재하기 마련이다. 따라서 이러한 공정간의 차이를 메우기 위해 재고로서의 미완성품을 제로로 할 수는 없다.

재고를 제로로 하기 위한 조건

이러한 현실적인 제약에도 불구하고 재고의 제로화를 실현하고자 할 경우에는 다음과 같은 조건을 극복해야 한다.

우선 고객이 주문을 한 후 생산에 소요되는 일수만큼을 기다려주어야 한다. 재고가 제로인 공장에서는 주문을 받은 다음에야 필요한 재료나 부품을 발주하고 이러한 물품이 도착해야 사내가공이나 외주에 착수할 수 있다. 그러나 고객은 주문을 한 후 태연하게 기다리기보다는 경쟁사에게 발주를 하는 경우가 많다.

재료나 제품을 자사에 납품하는 거래처 또한 납득해 주어야 한다. 발주하는 품목이나 수량은 그때그때 달라지며, 적은 양을 여러 번 나누어 납품받는 경우가 많기 때문에 납기는 극히 짧아지게 된다. 따라서 이 경우 거래처가 이러한 주문에 응할 것인지가 문제가 된다.

만약 이와 같이 부품이 준비된다 하더라도 공정간 부하의 불균형으로 인한 생산성·효율성의 저하를 감안해야 한다.

4 3 재고의 기능(3)

판매·생산·재고의 유기적인 관계

일반적으로 제품의 판매는 계절별·요인별로 변동이 있지만, 공장에서는 생산성 향상을 위해 될 수 있는 한 생산을 평준화시킬 필요가 있다. 이러한 문제를 해결하는 데 있어서 재고관리 방식은 매우 중요하며, 이에 대한 대책이 바로 다음 도표에 표시된 판매·생산·재고의 유기적인 관계이다.

판매계획의 수립

우선 도표의 왼쪽 흐름에 대해 살펴보자. 출발은 판매실적 데이터에 따른 판매예측에서 시작한다. 판매예측은 대부분 판매부문의 책임이다. 그러나 이처럼 자명한 사실에 대해 의문을 제기하면 부문간의 역할이 애매모호해진다. 예를 들어 판매부문이 작성한 예측정보를 믿지 않고 생산부문이 독자적으로 생산용 예측을 수립하는 경우가 있

생산 · 판매 · 재고의 유기적인 관계

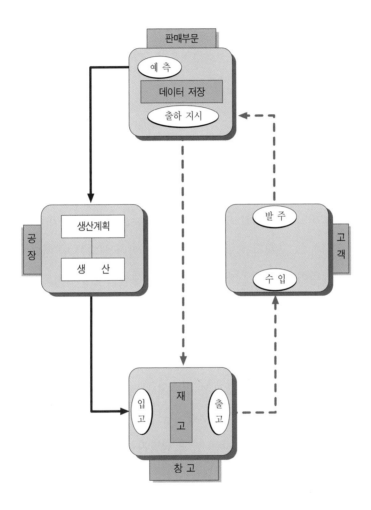

는데, 극단적인 경우 판매부문은 품목별 수량금액이 아닌 총매출예상액 정도만 작성하게 된다.

그러나 누가 하더라도 판매예측에는 오차가 따른다. 따라서 이러한 오차를 문제로 삼기 이전에 우선 필요한 것은 예측을 담당하는 책임자를 명확하게 하는 것이다(판매예측의 책임자는 물론 판매부문에 있다).

기준생산계획의 수립

수립된 판매예측을 바탕으로 공장에서는 기준생산계획을 수립하는데 바로 이것이 판매와 생산의 접점이 된다. 기준생산계획은 다시 공정별 계획이나 재료계획 등 실제로 생산을 하기 위한 상세계획으로 나뉘어지며, 그 구체적인 방법에 대해서는 이미 설명한 바 있다. 이러한 상세계획이나 준비에 따라 공장에서는 생산이 이루어지고, 완성된 제품은 제품창고에 입고된다.

주문 및 출하단계

그럼 이번에는 도표의 오른쪽 흐름에 대해 살펴보도록 하자. 우선 고객은 원하는 제품의 품명·수량·납기 등을 지정하여 판매부문에 주문한다. 그러면 주문을 받은 판매 담당자는 즉시 제품창고에 출하를 지시한다. 이러한 수주데이터는 다음 번의 판매예측에 도움이 되며, 이를 위해서는 데이터를 체계적으로 집계하여 활용할 수 있는 시스템이 전제되어야 한다.

판매부문으로부터 출하지시를 받은 제품창고는 해당 제품에 대해서 수량·납기·운송처 등을 확인한 후 제품을 포장하여 주문처에 발송한다.

항상 변동하는 판매자료를 기반으로 하여 생산의 평준화를 이루는 것은 어려운 일이지만, 도표를 통해 살펴본 2가지 흐름을 잘 조화시키면 가능할 수도 있다. 이처럼 판매와 생산의 문제를 해결하는 역할을 하는 것이 바로 재고이다.

재고의 기능

재고가 너무 적으면 결품이 속출하고 고객의 갑작스런 출하요구에 대응할 수 없다. 그러나 너무 많은 재고 또한 경영효율 측면에서 볼 때 바람직하지 못하다.

지금까지 설명한 바와 같이 재고는 결코 독립적인 것이 아니라 판매와 생산을 연결하는 가교역할을 수행한다. 또한 재고의 보유방법은 공장에만 국한되는 것이 아니라 경영활동 전반의 생산성 및 효율성을 좌우한다.

생산과 판매가 유기적으로 결합되면 재고의 영역(도표 하단)은 작아지게 된다. 다시 말해서 회사가 보유하는 재고수준이 줄어들게 된다. 반대로 유기적으로 결합하지 못하는 경우에는 그만큼 재고의 영역이 넓어짐으로써 과다한 재고를 보유하게 된다. 바로 이 점이 판매와 생산량을 연결하는 재고관리의 중요성이 강조되는 이유이다.

4 4 재고계획의 예측(1)

재고계획의 수립

생산과 판매를 유기적으로 통합하기 위해서는 재고의 역할이 대단히 중요하다. 그렇다고 재고를 여유있게 보유해야 한다는 의미는 아니다. 과다한 재고는 기업의 수명을 단축시키는 요인 가운데 하나이다. 따라서 적정한 수준의 재고를 유지하기 위한 재고계획이 필요하다.

그러나 재고계획을 세우는 경우는 그리 많지 않다. 우선 생산부터 했다가 판매하고 남는 것이 곧 재고가 되는 이른바 '과잉재고'라는 인식이 지배적이기 때문이다.

적정한 재고를 유지하기 위해서는 과잉재고가 아닌 계획된 재고로 생각을 전환해야 한다. 또한 재고관리는 공장 내의 모든 재고를 대상으로 하기 때문에 단편적인 대책으로는 효과가 없으므로 판매계획이나 생산계획과 연관된 종합적인 시스템화가 필요하다.

우선 제품별 판매예측부터

재고계획을 세우기 위해서는 정보가 필요하다. 이를 위해서는 우선 판매부문이 제품별 판매량의 예측을 정확하게 해야 한다. 이때 재고계획은 제품별로 수립되어야 한다. 요즘은 다품종 소량생산시대이기 때문에 품목의 수가 상당히 많다. 따라서 제품별 판매예측이야말로 재고관리의 출발점이므로 귀찮다고 소홀히 해서는 안 된다.

예측기간의 설정

예측은 매월 초 또는 15일 등과 같이 일정 사이클로 이루어져야 한다. 예측의 제1테마는 예측기간, 다시 말해 어느 정도의 미래를 예측할 것인가를 결정하는 것이다. 결론적으로 말해 예측기간은 제품의 최장리드타임으로서 여기에 예측사이클을 더한 날짜가 된다. 예를 들어 최장리드타임이 3개월이고 예측사이클이 1개월이라면 예측기간은 4개월이 된다. 따라서 3월말 현재라면 7월의 판매량을 대상으로 예측을 해야 한다.

한편 예측에는 오차가 따르게 된다. 그래서 오차를 줄이고 정밀도를 높이기 위한 여러 가지 방법이 개발되어 왔는데, 가장 효과적인 것은 예측기간 그 자체를 짧게 하는 것이다. 예를 들면 1개월 앞을 예측하는 것보다는 10일 앞을 예측하는 편이 확실하며, 10일보다는 1일 앞을 예측하는 것이 정확할 것이다.

판매예측의 기간은 생산 최장리드타임과 예측사이클로 결정된다. 따라서 기업은 생산리드타임이나 예측사이클을 단축하기 위해 노력해야 한다. 예를 들어 생산리드타임에 대해서는 그것을 구성하는 공정별 기준일정을 소(小)로트화하거나 JIT에 따라서 단축할 수 있다. 또한 예측사이클에 대해서는 과거 1개월이던 것을 10일이나 1주일 사이클로 변경할 수도 있다.

▌ 예측기간의 단축 예

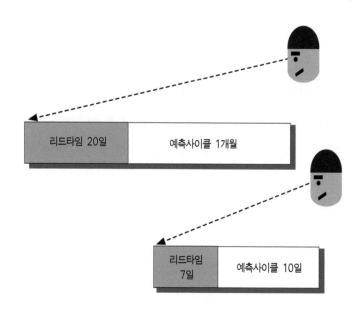

4 5 재고계획의 예측(2)

경영활동을 수행하면서 이루어지는 예측분야는 크게 기술예측·경기예측·수요예측의 3가지가 있다. 일반적으로 판매예측을 하는 경우에는 수요예측의 하나인 시계열분석이 자주 이용된다.

시계열분석은 미래는 과거의 연장선상에 있다는 가정에서 출발한다. 즉, 과거의 실적을 시간경과에 따라서 추세를 분석하다 보면 미래의 경향을 어느 정도 확실하게 감지할 수 있다는 것이다. 전쟁이나 천재지변 등과 같이 돌발적인 사태가 발생하지 않는 한 세상의 변화는 원만하게 점진적으로 진행한다는 것이다.

시계열분석에는 다음 도표와 같이 여러 가지 기법이 있는데, 여기서는 자주 이용되는 이동평균법과 지수평활법에 대해 단순평균법과 묶어서 살펴보기로 하자.

판매예측의 방법

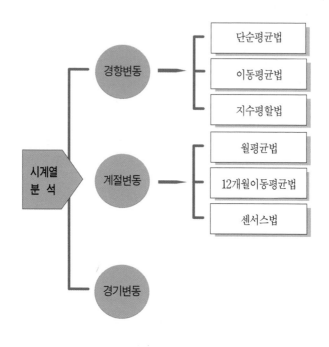

① 단순평균법

매월 발생하는 판매실적을 모눈종이에 기재한 다음 이것을 선으로
연결하면 톱니모양의 불연속적인 그래프가 된다. 예측을 위해서는 이
것을 어떠한 방법으로든 연속적인 그래프로 나타낼 필요가 있는데,
가장 단순한 방법이 평균치를 계산하는 것이다. 이에 따라 그래프는
평행선으로 나타낼 수 있으며 이를 통해 평균치를 용이하게 예측할
수 있다.

② 이동평균법

이동평균법으로 실적치의 평균을 구하는 경우 너무 오래된 데이터는 의미가 없다. 따라서 현재를 기점으로 해서 과거 1년이라든가 6개월 등과 같이 분석기간을 한정한다. 이 경우 항상 최근의 실적데이터를 추가하는 한편 가장 오래된 데이터는 제외한다. 예를 들어 6개월의 평균치를 구할 경우 7월초에는 1월~6월까지의 평균을 얻을 수 있지만, 8월초에는 2월~7월까지의 평균을 얻을 수 있다. 다시 말해 평균을 계산하는 대상기간이 매회 달라지게 된다.

계산하는 방법을 다음 표를 통해 살펴보기로 하자. 문제를 간단하게 하기 위해 3개월의 이동평균을 계산하는 것으로 한다.

표의 제2열에는 1월부터의 판매실적이 차례로 기록되고, 제3열에는 3개월 이동평균법을 적용하는 경우 3개월 이전의 실적을 기입한다. 제

3개월 이동평균의 계산 예

① 월	② 판매실적	③ 3개월전의 실적	④ 이동합계	⑤ 이동평균	⑥ 익월예측	⑦ 오차
1	160					
2	150					
3	175		485	161.6		
4	168	160	493	164.3	161.6	− 6.4
5	165	150	508	169.3	164.3	− 0.7
6	170	175	503	167.6	169.3	− 0.7

4열은 3개월분의 이동합계이므로 3월의 485에서부터 시작되며, 4월의 이동합계에는 이 485에 4월분의 실적 168이 추가되는 대신 1월분인 160이 빠지게 된다. 따라서 4월의 이동합계는 493이 되며, 그 이동평균은 3개월로 나눈 164.3이 된다. 이것이 익월, 즉 5월의 판매예측이다. 그 후 실적이 나온 시점에서 그 값을 제2열에 기입하는데 여기서는 165로 되어 있다. 즉, 앞의 예측치는 164.3이었으므로 -0.7의 오차가 생기는 것이다. 이처럼 계산하는 방법이 바로 이동평균법이다.

③ 지수평활법

지수평활법으로 예측하는 경우는 당월 이동평균실적에 새로운 경향치를 리드타임분만큼 더한다. 이 내용을 계산식으로 나타내면 다음 페이지 위의 식과 같다.

판매예측치의 기초가 되는 판매기대치는 계산식 ①에 따라서 계산할 수 있다. 식에서도 볼 수 있듯이 지수평활법에서도 이동평균치가 중요한 요인이 된다.

다만 앞에서 설명한 이동평균치와는 달리 지수평활법에서는 이동평균실적치라고 하며 계산은 계산식 ②에 따라서 이루어진다. 즉, 당월의 실적에 전월의 이동평균실적을 더해서 당월의 이동평균실적을 계산한다. 이 값은 익월로 이월되며 전월의 이동평균실적이 된다. 이후는 같은 식으로 계산을 반복하면 된다. 식 가운데 α는 가중평균을 위한 계수로서 가령 당월의 실적에 10%의 가중치를 붙일 경우 α는 0.1이 된다.

계산식 ①의 또 하나의 계산팩터는 신경향치이다. 이것을 산출하기

지수평활법의 계산식

$$판매기대치 = 당월\ 이동평균실적 + \frac{(1 - \alpha)\,(신경향치)}{\alpha} \quad \cdots ①$$

$$\begin{aligned}당월\ 이동평균실적\\= \alpha\,(당월\ 실적) + (1 - \alpha)\,(전월\ 이동평균실적)\end{aligned} \quad \cdots ②$$

$$변화치 = 당월\ 이동평균실적 - 전월\ 이동평균실적 \quad \cdots ③$$

$$신경향치 = \alpha\,(당월\ 변화치) + (1 - \alpha)\,(전월\ 변화치) \quad \cdots ④$$

지수평활법의 워크시트

($\alpha = 0.2$ 리드타임 $= 2$개월)

① 연월	② 판매실적	③ 이동평균실적	④ 변화치	⑤ 신경향치	⑥ 판매기대치	⑦ 리드타임 간의 예측	⑧ 리드타임 간의 실적	⑨ 예측오차
1		195	−	0				
2	190	194	−1	− 0.2	193.2	386.4	403	− 16.6
3	205	196.2	2.2	− 0.36	194.8	389.6	408	− 18.4
4	198	196.6	0.4	1.84	203.9	407.8	418	− 10.2
5	210	199.3	2.7	0.86	202.7	405.4	414	− 8.6
6	208	201.0	1.7	2.50	211.0	422.0		
7	206	202.0	1.0	1.56	208.2	416.4		

위해서는 계산식 ④를 이용하며, 이 계산식의 계산팩터가 되는 변화치는 계산식 ③에 의해 가중치가 붙는다.

이상의 계산식을 이용해서 실제로 지수평활법에 따른 예측을 해보자. 앞 페이지 아래의 표는 이를 위한 워크시트(work sheet)로서 기입하는 방법은 다음과 같다.

- 제1열 : 월을 기입한다.
- 제2열 : 매월의 판매실적치를 기입한다.
- 제3열 : 이동평균실적을 기입한다. 수치는 앞의 계산식 ②을 이용하여 계산한다. 편의상 2월 이후를 대상으로 하지만 초기치가 필요하므로 1월의 이동평균실적치를 195라고 한다. α는 0.2로 한다.
- 제4열 : 마찬가지로 계산식 ③에 따라서 얻어진 값을 기입한다.
- 제5열 : 계산식 ④에 따라서 얻어진 값을 기입한다.
- 제6열 : 계산식 ①에 따라서 얻어진 판매기대치를 기입한다.
- 제7열 : 판매기대치에 리드타임을 곱한 값을 기입한다. 이 예에서는 리드타임이 2개월이므로 2월의 386.4는 2월말에 3월과 4월 2개월간의 판매를 예측하게 된다.
- 제8열 : 판매예측에 대응하는 실적치를 기입한다. 예를 들면 2월의 예산은 386.4였지만 대응하는 실적은 403이었다. 이 값은 제2열의 3월분 205와 4월분 198을 합해서 구할 수 있다.
- 제9열 : 예측오차를 기입한다. 예측오차는 제7열에서 제8열을 빼서 구한다. 예를 들면 2월의 예측오차는 386.4에서 403을 뺀 -16.6이 된다.

4 6 예측의 시스템화

데이터의 수집·처리 방법

이동평균법이나 지수평활법 등의 통계적 예측기법을 이용하는 경우에는 방대한 양의 실적데이터가 필요하다. 왜냐하면 수집·누적되는 데이터의 범위가 모든 제품의 과거 몇 개월 분만큼 있어야 하기 때문이다.

모든 데이터는 신속·정확하게 처리해야 하며 분류·집계된 자료는 필요에 따라서 즉시 검색할 수 있도록 체계화되어야 한다. 이러한 자료처리를 인력으로 한다는 것은 무리이다. 따라서 컴퓨터에 의한 데이터처리시스템이 반드시 필요하다.

그러나 실적데이터의 수집·누적·검색 시스템이 정비된다 하더라도 이것만으로는 불충분하다. 궁극적인 목적은 실적데이터 그 자체가 아니라 이러한 실적데이터를 이용해서 미래의 수요를 예측하는 것이기 때문이다. 이를 위해서는 실적데이터를 예측치로 변환하는 기능이 필요하다. 이동평균법이나 지수평활법은 이러한 변환기능에 해당하는 것으로, 이 기능 또한 컴퓨터 없이는 도저히 실현할 수 없다.

통계적 분석기법의 한계점

통계적인 기법을 이용한 판매예측에 컴퓨터를 활용한다 하더라도 이것만으로 충분하지 않다. 왜냐하면 컴퓨터가 계산한 예측치는 어디까지나 조건이 붙어 있기 때문이다. 그 조건이란 시계열이라고 하는 전제, 즉 '미래는 과거의 연장선상에 있다'는 것이다.

이러한 가정은 돌발사태를 제외한다면 거시적으로 충분히 인정될 수 있는 부분이 많다. 그러나 미시적으로 보면 제품별로는 각각의 변동요인이 포함된다. 예를 들어 어떤 유명인이 특정 제품을 마음에 들어한다는 기사가 우연히 신문에 게재된다면 그 제품이 폭발적으로 팔릴 수도 있는 것이다.

컴퓨터는 실적데이터를 기계적으로 처리하는 수단이기 때문에 이와 같은 돌발적인 정보는 감지할 수 없다. 따라서 데이터를 처리하는 사람의 정보활동이 간과되어서는 안 된다. 이 경우 예측데이터는 컴퓨터가 작성하지만 그것은 어디까지나 참고사항일 뿐, 최종적인 것은 사람이 결정한다. 이것이 예측치에 따른 의사결정기법이다.

판매예측과 판매계획

이 단계에서 판매예측은 판매계획으로 전환하게 된다. 예측과 계획의 차이는 의사결정의 유무에 있다. 다시 말해 계획에는 판매담당자가 결정한 의사가 표명된다. 이러한 과정을 거쳐 판매부문은 제조부문에 대해 정식으로 생산지시를 내리게 된다.

물론 판매담당자 한 사람이 수많은 품목을 담당하는 경우 모든 정보를 빈틈없이 처리하기를 기대하기는 어렵다. 따라서 컴퓨터 이용이 일정 수준 이상인 경우에는 데이터 처리에 의한 예측치를 생산계획에 그대로 결부시키는 경우도 있으며, 컴퓨터와 사람이 판단한 결과를 동시에 선택 적용하는 기업도 많이 있다. 이 경우에는 일단 컴퓨터로 모든 품목의 예측치에만 수정을 가하며 수정하지 않은 품목에 대해서는 컴퓨터의 예측치를 그대로 인정하게 된다.

47 재고계획과 생산계획

판매계획을 기반으로 하여 생산계획을 수립한다. 그러나 판매계획이 곧 생산계획으로 직결되는 것은 아니다. 왜냐하면 판매계획은 예측을 기반으로 도출되기 때문에 오차가 따르게 마련이다. 따라서 이러한 오차를 보완할 수 있는 안전재고가 필요하다.

생산계획을 수립할 때의 고려사항

생산계획을 수립하는 경우 판매예측, 예측착오, 안전재고 등과 같은 요인을 고려할 필요가 있다. 이러한 제반요인의 관계를 계산식으로 나타내면 다음과 같다.

생산계획 = 판매계획 + 재고계획 – 이월재고 · · · · · · · (P공식)

편의상 이 계산식을 P공식이라고 하자. P공식의 제1항은 판매계획이다. 엄밀히 말하면 판매예측과 판매계획은 전혀 다르다. 예측은 어디까지나 예측이지만 계획에는 담당자의 의사나 방침이 포함되어 있기 때문이다. 예를 들어 데이터 처리에 따른 예측치가 100일 경우, 판매계획에서는 110이 될 수도 있다.

P공식의 제2항은 재고계획으로서 이것은 '안전재고를 어느 정도 보유할 것인가'에 대한 계획이다. 앞에서 설명했듯이 일정한 방법으로 판매수량을 예측한다면 그 예측오차가 어느 정도가 될지는 정확하게 계산할 수 있다. 이러한 예측오차를 커버하는 것이 바로 안전재고로서 그 수량의 증감이 결품률에 반영되는 경우도 계산할 수 있다. 반대로 목표로 하는 결품률을 설정한다면 그것을 실현하는데 필요한 재고수량을 계획할 수도 있다.

이와 같이 재고를 계획의 대상으로 해야 재고관리를 할 수 있다. 단순히 입출고의 기록과 그 결과인 재고수량을 계산하는 것만으로는 재고관리라고 할 수 없다.

P공식의 제3항은 이월재고이다. 여기서 이월의 시점은 계획시점의 직전이 된다. 즉, 4월 1일 이후의 계획을 세운다고 하면 3월 말일의 결산시 재고가 이월재고가 된다. 만약 현재가 4월 1일의 작업시간이라면 이월재고는 3월 말일의 실제재고가 된다. 한편 4월 2일 이후의 이월재고는 아직 실현되지 않았으므로 예측재고가 된다. 예측재고를 파악하는 방법은 유효재고를 계산하는 방법과 동일하다.

생산계획의 수립 사례

P공식에서 알 수 있듯이 생산계획에는 판매계획 데이터 외에도 재

고계획 데이터, 이월재고 데이터가 필요하다.

다음 표에 제시된 데이터에 따라서 생산계획을 세워보자. 해답이 되는 일별 생산계획 수량도 표에 나타나 있기는 하지만 우선은 스스로 계산해 보도록 하자.

▌생산계획을 위한 데이터

4월	판매계획	재고계획	이월계획	비 고
1일	500	30	40	3월말의 실제재고
2일	450	25	30	4월 1일의 예상재고
3일	480	30	25	4월 2일의 예상재고
4일	460	25	30	4월 3일의 예상재고

▌P공식에 따른 생산계획

4월	생산계획	판매계획	재고계획	이월재고
1일	490	500	30	40
2일	445	450	25	30
3일	485	480	30	25
4일	455	460	25	30

4 8 독립수요와 종속수요의 재고계획

독립수요와 종속수요

생산계획의 근본이 되는 판매계획을 수립할 때에는 우선 완성품의 품명을 나열(list up)한 후 품명별로 수량과 납기를 결정한다. 다시 말해 생산계획의 출발점은 먼저 만들고자 하는 품목을 결정하는 데 있다. 그리고 나서 완성품의 내용, 즉 조립품이나 부품에 대한 계획을 수립해야 한다. 완성품 계획이 수립되면 이로부터 부품전개에 필요한 구성부품이나 수량을 차례대로 도출할 수 있다.

이처럼 도출된 구성부품과 수량을 생산관리에서는 종속수요라고 하며, 그 근본이 되는 완성품 자체의 계획수량을 독립수요라고 한다. 이보다 상위인 품목은 없으며, 말 그대로 독자적인 계획이 필요하다. 그런데 재고관리 측면에서 볼 때 독립수요이든 종속수요이든 그 예측치에는 오차가 생기기 때문에 그에 따른 재고수량을 계획하게 된다.

예를 들어 완성품 A의 구성부품이 다음 도표와 같다고 하자. A의

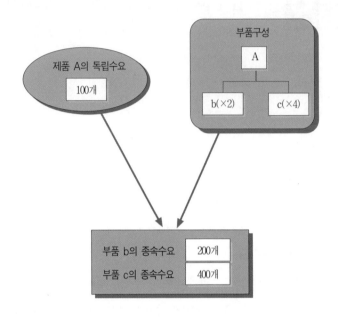

계획이 100이고 오차가 5개라면 구성품 b의 종속수요계획은 200으로 오차는 10이 된다. 또 구성품 c의 종속수요계획은 400으로 오차는 20이 된다. 즉, 어느 쪽이든 독립수요와 종속수요를 연동시켜서 오차를 계산할 수 있는 것이다.

이상은 부품구성표와 부품전개시스템이 확립되어 있는 경우에 해당하는 것으로서, 만약 그렇지 못한 경우에는 어떻게 해야 할까? 이 경우에는 완성품만이 아니라 구성부품을 포함한 모든 것이 독립수요가 된다. 즉, 모든 품목에 대해 독립적으로 필요수량을 예측해야 하며 작업에 소요되는 시간이나 노력 또한 엄청나게 투입된다. 따라서 관리가 철저한 공장에서는 그 적용대상을 저가격 부품이나 잡품 등으로 한정시키고 있다.

기타 품목의 수요예측기법

이 외에 종속수요방식으로 예측하지 않는 품목의 예를 들면 다음과 같다.

① 서비스 부품

일반적으로 서비스 부품이나 보조용품은 유통경로나 재고장소가 완성품과는 다르기 때문에 통상 완성계획과는 별도로 판매계획이나 재고계획을 세운다. 그러나 부품 레벨로 생산계획을 수립한다면 품목과 납기가 같은 공통품으로서 로트를 정리할 수 있다.

② 장기조달부품

완성품의 구성부품이라 하더라도 리드타임이 매우 긴 부품이나 재료는 구성부품표에서 제외하여 독립수요방식으로 계획한다.

완성품을 구성하는 것이라도 서비스 부품이나 장기조달부품 등에 속하는 것은 독립수요로서 별도로 계획할 필요가 있다. 다시 말해 동일한 부품이라도 구성부품으로서 계획하는 종속수요와 독자적으로 계획하는 독립수요의 2가지로 계획하게 된다.

49 총괄재고의 통제

총괄적 재고관리

재고는 재료창고나 제품창고, 반제품창고 등 창고에만 있는 것은 아니다. 공장 안에서 미완성품으로 있을 수도 있고, 주문처로 운반 중일 수도 있다. 즉, 기업이 재료를 조달·제조·판매하기 위한 경영활동의 모든 단계에 재고가 있는 것이다.

모든 단계의 재고를 정확하게 관리해서 재고수준을 낮추는 동시에 결품이 생기지 않도록 하는 것은 상당히 어려운 일이다. 따라서 재고 관리를 잘하는 기업은 그만큼 비교우위에 설 수 있다. 예를 들어 후발 업체로서 몇 년 안 되는 짧은 기간 내에 컴퓨터 업계를 제패한 컴팩 사나 델사의 업적이 그것을 증명하고 있다.

경영환경의 변화가 극심한 요즈음 많은 기업들이 경영의 슬림화·스피드화를 지향하고 있으며, 이것을 실현하기 위한 주요 조건 중의 하나가 바로 재고의 삭감과 회전율의 향상이다. 이를 위해서는 제품

흐름에 관련된 모든 단계를 대상으로 해서 종합적으로 재고를 통제할 구체적인 수단이나 방법이 필요하다. 이에 대한 자세한 내용은 뒤에서 설명하기로 하고, 여기서는 우선 재고를 통제하기 위한 기본적인 방법에 대해서 살펴보기로 하자.

일정에 따른 통제

대상이 무엇이든 간단한 방법으로 통제할 수 있다면 이보다 효과적인 것은 없다. 특히 이러한 방법이 범용적이라면 그 효과는 더욱 크다고 할 수 있다.

재고를 관리하는 데 있어 이러한 조건에 가장 적합한 것이 '일정(日程)'에 따른 통제이다. 그런데 문제는 '창고에 있는 재고도 공정과 마찬가지로 일정으로 통제할 수 있을 것인가'이다. 결론적으로 말해 이는 가능하며, 이에 대해서는 다음 2가지 측면에서 살펴볼 수 있다.

그 하나는 창고도 공정의 일부라는 것이다. 즉, 공정과 마찬가지로 창고도 제품이 흐르는 장소라고 생각하면 된다. 창고의 제품을 선입선출한다고 생각하면 입고순서대로 출고되기 때문에 생산흐름과 유사하다고 할 수 있다. 또 하나는 창고에 있는 재고의 양을 수량이 아닌 체류일수로 표현할 수 있다는 것이다. 창고도 공정과 마찬가지로 제품이 흐르는 장소라고 생각하면 자연히 체류일수를 통제함으로써 재고관리를 할 수 있다.

앞에서 설명했던 기준일정을 생각해보자. 예를 들어 재고품이 8개라는 것은 재고품이 2일분이라는 것과 같은 의미가 된다. 사실 공장이나 창고에서는 '며칠분의 재고'라는 표현을 주로 사용한다.

이와 같이 창고를 공정으로 보아 재고를 일수로 표현하면 창고와 공정의 일정계획을 일원화할 수 있다. 즉, 공정의 생산과정 전체를 일정이라는 하나의 축으로 일관할 수 있다는 것이다. 예를 들어 다음 도표와 같이 공정 1과 공정 2 사이에 창고가 있다면 이 경우의 일정계획은 어떻게 될까? 창고의 재고수량은 5개이며 이 사례에서는 다음과 같이 창고와 공정 모두 기준일정이 주어져 있다.

- 공정 1의 기준일정 : 2일
- 창고의 기준일정 : 4일
- 공정 2의 기준일정 : 2일
- 공정 3의 기준일정 : 3일

따라서 납기가 3월 12일이라면 이것을 기점으로 해서 기산하여 각 공정의 착수일과 완료일을 계획할 수 있다. 이 경우 창고의 착수일(입

▌창고를 공정으로 가정하는 경우

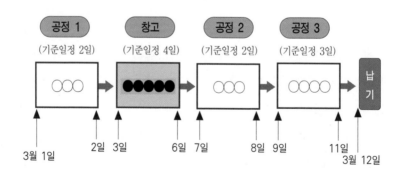

고일)은 3월 3일이고 완료일(출고일)은 3월 6일이 된다. 이 계획은 창고의 재고량을 4일분이라는 일수로 표현함으로써 가능하게 된다.

일정과 수량에 따른 통제

다음 도표에서는 창고와 공정을 별개로 간주한다. 이 경우 공정에서는 제품이 흐르지만(flow) 창고에서는 제품이 흐르지 않고 저장(stock)된 상태로 되어 있다. 흐름은 일수로 표현할 수 있지만 저장은 수량으로밖에 표현할 수 없다. 이 수량은 물론 유효재고 수량을 의미한다(유효재고에 대해서는 128페이지 참조).

▌창고와 공정을 별개로 간주하는 경우

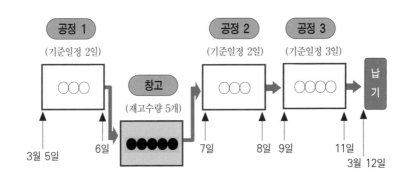

이 사례에서 공정은 일정으로 통제하고 창고는 유효재고 수량으로 통제한다. 즉, 공장의 생산과정을 일정과 수량의 이원체제로 통제하게 된다.

위의 도표를 한 번 더 살펴보자. 우선 공정의 일정은 전과 마찬가지로 기준일정을 결부시켜 계산할 수 있다. 그 결과는 다음과 같으며 납기는 이전과 마찬가지로 3월 12일이다.

- 공정 1 : 착수일 3월 5일, 완료일 3월 6일
- 공정 2 : 착수일 3월 7일, 완료일 3월 8일
- 공정 3 : 착수일 3월 9일, 완료일 3월 11일

공정 1의 착수일을 비교하면 도표와 같이 4일 정도 늦어지게 된다. 즉, 창고와 공정을 별도로 간주하게 되면 창고의 기준일정분만큼 리드타임이 단축된다. 따라서 공정과 창고를 이원적으로 통제하는 것이 훨씬 유리하다. 그러나 공정 2 앞에 있는 창고의 재고를 간과해서는 안 된다. 이 재고가 있기 때문에 공정 1과 공정 2의 일정계획이 직결될 수 있기 때문이다. 실제로 두 공정은 직결되어 있지는 않지만 그 중간에 항상 유효재고가 있다고 가정하기 때문에 공정 1의 완료일이 재고분만큼 지연되도 상관없다(리드타임을 단축해도 된다).

앞의 도표에서 재고수량은 5개이지만 이것을 일수로 환산하면 4일분이 된다. 다시 말해 공정 1의 완료일은 238페이지의 도표보다 4일 지연된 3월 6일이 되더라도 그 4일분은 창고에 있는 유효재고로 처리할 수 있기 때문에 공정 2에는 아무런 지장이 없다.

어쨌든 창고와 공정을 별개로 생각하게 되면 '일정에 따른 통제'와 '유효재고에 따른 통제'라는 이원화가 필요하며, 그 대표적인 방식이 MRP이다(65페이지 참조). 한편 일정으로만 통제하는 일원적인 방식으로 SNS가 있다(74페이지 참조).

5 0

〈재고의 보유방법 1〉

안전재고의 관리

재고의 적절한 보유수준

재고에는 로트효과, 예측오차의 보완, 납기확보, 부하의 조정 등과 같은 기능이 있다. 그럼 재고수준을 어느 정도로 유지하는 것이 좋은가? 이를 위해서는 우선 창고에 있는 재고의 성격을 알아둘 필요가 있다.

재고는 크게 안전재고(safety stock)와 운전재고(running stock)의 2가지로 나뉘며 이 외에도 사장재고(死藏在庫, dead stock)와 과잉재고 등이 있다. 사장재고란 재고에는 해당되나 사용이 불가능한 재고를 의미한다. 예를 들어 유통기간이 경과한 음식품이나 유행에 뒤떨어진 의류나 전자제품 등이 이에 해당된다. 이에 반해 과잉재고란 허술한 재고관리로 인해 특별한 원인없이 쌓여버린 재고를 말한다.

이러한 직접적인 원인 외에도 결품으로 인해 발생하는 문제를 해결하기 위해 여분으로 조달된 것이 대부분인데 확대 해석하면 이것도 일종의 안전재고라고 할 수 있다. 물론 과잉재고는 있어서는 안 되며 이를 방지하기 위해서는 안전재고를 확실히 관리할 수 있는 시스템이 불가피하다.

그럼 안전재고 시스템에 대해 살펴보기로 하자.

예측에는 오차가 따른다

어떠한 경우이든 예측이 100% 딱 맞아떨어지기는 어려운 일이다. 판매예측도 마찬가지이다. 중요한 것은 어떤 예측을 했을 때 그것이 어느 정도의 오차범위 내에 있을지를 예상하는 것이다. 오차의 범위나 정도를 알기 위해서는 예측데이터와 그에 대응하는 실적데이터가 필요하며 구체적으로는 다음과 같은 절차가 필요하다.

- 예측해서 그 수치를 기록한다(예 : 제품 A의 5월 판매예측 100개)
- 예측치에 대응하는 실적을 기록한다(예 : 제품 A의 5월 판매실적 95개).
- 예측치와 실적치의 오차를 계산해서 기록한다(예 : 95 − 100 = −5).
- 오차의 기록(데이터)을 통계처리해서 오차의 정도(표준편차)를 계산한다.

실제로 기록하는 방법은 앞서 설명한 지수평활법의 워크시트를 참조하면 된다. 워크시트를 보면 오른쪽에 예측오차를 계산해서 기입하는 란이 있는데 이는 이동평균법의 경우도 마찬가지이다. 결국 예측오차의 정도를 계산하기 위해서는 예측치, 실적치, 오차라고 하는 세 종류의 데이터가 필요하다.

표준편차를 구하는 계산식

$$표준편차(\sigma) = \sqrt{\frac{\sum\limits_{i=1}^{n}(Xi - \overline{X})^2}{n}}$$

* n : 데이터수, $\overline{X}$: 평균치, Xi : i 항목의 데이터

정규분포와 표준편차

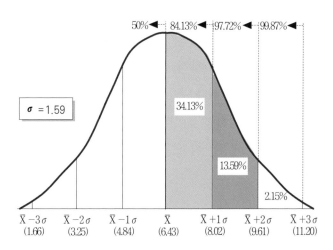

예를 들어 다음과 같은 여러 개의 데이터가 있다고 하자.

- 5, 6, 7, 8, 9, 10, 11
- 2, 4, 6, 8, 10, 12, 14
- 8, 6, 7, 9, 6, 5, 4

이 데이터군의 데이터수는 7, 평균은 6.43이며 따라서 표준편차는 1.59이다. 데이터가 이처럼 불규칙하게 분포하는 상태를 정규분포라 하며 이를 표현하면 앞의 그래프와 같다. 마치 산 모양처럼 연결되어 있는 선은 이들 개개의 데이터로서 그 값이 되는 확률이 표시되어 있다. 예를 들면 평균인 6.43이 위치하는 곳이 가장 높은데 이것이 데이터들의 평균치에 해당된다.

이 평균치 6.43에 표준편차 1.59를 더하면 8.02가 된다. 데이터가 이 범위 내로 구해질 확률을 계산하면 단일의 평균치 그 자체의 확률보다도 높은 34.13%가 된다(그래프의 흐린 음영부분이 이에 해당한다). 더욱이 데이터의 범위를 확대해서 평균치에 표준편차의 2배를 더해보자. 이 예에서는 9.61이 된다.

이와 같이 범위를 넓히면 데이터가 그 안에 위치할 확률은 47.72%로 높아진다. 그래프에서는 진한 음영부분의 면적 13.59%가 더해지고 있다.

안전재고란 무엇인가

판매를 예측하는 경우 반드시 오차가 발생한다. 그러나 그 오차의 정도는 실적데이터를 통계처리 해보면 예측할 수 있으며, 따라서 합리적인 재고관리를 할 수 있는 것이다.

그럼 그 구체적인 방법을 살펴보도록 하자. 다음 그래프는 예측과 예측오차의 관계를 나타낸 것이다. 그래프를 보면 1월부터 4월까지의 판매실적이 실선으로 나타나 있는데 이 데이터를 이동평균하면 큰 점선으로 그려진 사선이 된다.

따라서 5월의 예측은 이 점선의 연장선상에서 구할 수 있다. 이것을 X라고 가정하자. 예측오차를 고려하지 않으면 판매계획도 이와 동일한 값이 된다. 그러나 예측에는 오차가 따르기 때문에 실제의 수요는 X보다 많은 U가 될 수도 있으며, 이 경우는 결품이 생기게 된다.

▌예측과 예측오차

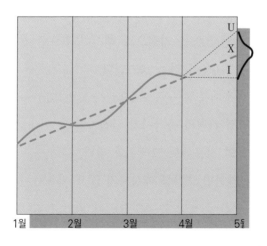

반대로 예측보다 적은 I가 될 수도 있는데, 이 경우는 재고가 많이 쌓이게 된다. 다만 U와 I는 극대와 극소를 나타내므로 이 값이 될 확률은 극히 낮으며 실제의 수요는 U와 I의 중간이 될 것이다. 여기서 판매계획은 X에 어느 정도 추가시켜야 좋은가라는 문제가 생기는데 예측오차의 실적데이터가 있으면 답은 간단하다. 즉, 예측오차 데이터를 정규분포로 보고 그 표준편차를 구한다. 그러면 표준편차(σ)를 더한 범위 내에서 실적치를 구할 확률을 계산할 수 있다. 예를 들면 X가 15이고 σ가 3이라면 실적의 값이 15~18의 범위 내에서 구해질 확률은 34.13%가 된다.

일반적으로 판매부문에서는 처음부터 결품계획을 수립하지는 않는다. 따라서 판매계획은 X를 기준으로 해서 그것보다 플러스(+) 하게 된다. 플러스의 폭을 크게 잡게 되면 그만큼 오차를 많이 허용하는 것이 되고 그러면 실적치의 범위 또한 넓어질 확률이 높아진다. 이것을 앞의 정규분포와 표준편차 그래프로 설명하면 그래프는 좌우대칭이므로 좌측의 확률 50%를 기점으로 해서 우측으로 진행함에 따라서 누적확률의 구성비율이 점차 증가한다.

예를 들면 예측치를 X → X + 1.0σ → X + 2.0σ → X + 3.0σ처럼 표준편차의 일정 간격씩 증가시켜 실적치를 그 이내로 얻을 수 있는 누적확률은 앞의 정규분포 그래프와 같다.

결론적으로 말하면 오차를 예상하지 않고 예측치 대로의 판매계획을 세운다면 결품이 생길 확률은 50%가 된다고 할 수 있다. 따라서 부족이 생길 확률을 더 낮추어야 하며, 그러기 위해서는 예측치에 일정 수량을 추가시키면 된다. 이 추가시키는 수량에 해당하는 것이 바로 안전재고이다.

안전재고는 어느 정도 보유하면 좋은가

그러면 안전재고는 어느 정도 보유하는 것이 좋은가? 앞에서 설명한 것처럼 예측치 X에 1.0σ를 추가하면 실적이 그 범위 내로 얻어질 확률은 84.13%가 된다. 반대로 부족할 확률, 즉 결품률은 15.87%이다. 또 2.0σ를 추가하면 실적이 그 범위 내에서 얻어질 확률은 97.72%로 비약적으로 높아지며, 결품률은 2.28%로 낮아지게 된다.

이와 같이 예측치에 얼마만큼 추가할지, 다시 말해 안전재고의 보유방법에 따라서 결품률을 의도적으로 통제할 수 있다는 것을 알 수 있다. 결국 안전재고의 수준을 결정하기 위해서는 어느 정도의 서비

▌예측치 이내가 될 확률

예측치	실적이 그렇게 될 확률(%)
X + 0	50.00
X + 0.5σ	61.91
X + 1.0σ	84.13
X + 1.5σ	94.33
X + 2.0σ	97.72
X + 2.5σ	99.38
X + 3.0σ	99.87

스율로 할 것인지 또는 어느 정도의 결품률로 할 것인지에 대한 판매
부문의 방침이 필요하다. 서비스율과 결품률은 어느 쪽으로 표현해도
마찬가지이며 그 관계식은 다음과 같다.

$$결품률 = 1 - 서비스율$$
$$서비스율 = 출고가능수량 / 출고요구수량$$

여기서 서비스율을 100%(결품률 0%)로 하기 위해서는 무한에 가까
운 안전재고가 필요하다. 반면에 재고를 극단적으로 감소시키면 결품
이 속출해서 고객의 불평을 사게 될 것이다.

일반적으로는 2.0σ(97.72%) ~ 3.0σ(99.87%) 사이가 적당한데 특별
히 이 수치에 구애될 필요는 없으며 회사의 독자적인 방침에 따라서
결정하면 된다. 예를 들어 최근에는 6σ라고 하는 경영전략이 화제가
되고 있는데(자세한 것은 323페이지를 참조) 이것을 안전재고에 적용할
수도 있다.

6σ를 확률로 환산하게 되면 10억분의 2가 된다. 결품률 없이 서비
스율을 이 정도 수준으로 억제하기란 매우 어려운 일이다. 어쩌면 대
부분의 기업은 결품률 6σ를 유지할 수 있을 정도의 안전재고를 위해
노력하고 있다고 할 수 있다.

재고관리에서 약 3σ 정도의 안전재고 수준이면 무난하다고 할 수
있다. 따라서 6σ는 그 2배가 되는 셈이다. 그만큼의 위험부담으로 결
품률은 안전재고 3σ, 즉 1,000분의 1.3이 되므로 6σ는 결품가능성이
상당히 낮은 10억분의 2 수준으로 향상된다.

고객만족의 시대인 만큼 이 점에서 타사와의 차별화를 추구하는 경영자가 많아졌다. 요컨대 재고방침을 정하는 데 있어서 보유하고자 하는 수량이나 기간으로 특별히 계량화하지 않고, 고객만족을 최대화시키는 수준의 재고라는 추상적인 개념으로 접근하는 경우도 간혹 있다.

다만 재고방침을 결정하는 경우 반드시 주의해야 할 사항이 있다. 그것은 바로 최고경영자의 말 한마디에 재고를 수시로 증감시켜서는 안 된다는 것이다. 이는 그 당시로서는 가장 매끄럽고 신속하게 처리할 수 있는 방법일지는 모르지만 머지않아 제품이나 재료의 과잉 또는 결품이 자주 발생하게 되고 결국은 이전의 상태로 되돌아가게 된다.

따라서 이러한 사태를 막기 위해서는 적정재고의 유지를 통계나 시스템의 문제로 인식할 필요가 있으며, 이러한 데이터나 시스템을 바탕으로 결정해야만 한다. 이러한 객관적인 데이터베이스가 정비되지 않으면 아무리 재고의 제로화를 지향한다 해도 결국은 슬로건으로 끝나게 마련이다.

<재고의 보유방법 2>

5 1 운전재고의 관리

운전재고(running stock)

지금까지 재고관리란 '재고수준을 통제하는 것'이라는 인식이 지배적이었다. 그러나 실제로는 통제는커녕 재고수준을 정확하게 파악하는 것 자체가 매우 어려운 일이다. 때문에 재무회계적 방법에서는 다음 페이지 위의 도표와 같이 기초(期初) 재고와 기말(期末) 재고의 2가지 평균으로 계산한다.

그러나 이것만으로는 중간에서 발생하는 재고의 변동을 전혀 알 수 없다. 그래서 재고데이터의 정확도를 높이기 위해 일별로 작업이 종료되는 시점의 재고수량을 파악해서 그 평균치를 계산하게 된다. 그러나 엄밀히 말하면 이것 역시 재고실태를 정확하게 반영하는 것은 아니다. 왜냐하면 재고는 시시각각 변하기 때문에 작업 종료시에 파악하는 것만으로는 그 날 중의 변화로 인한 공백을 반영할 수 없기 때문이다.

연간 월말재고의 추이

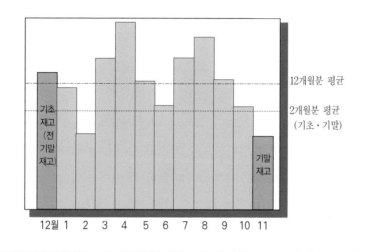

12개월분 평균

2개월분 평균
(기초·기말)

기초
재고
(전
기말
재고)

기말
재고

12월 1 2 3 4 5 6 7 8 9 10 11

4월의 일별재고 추이

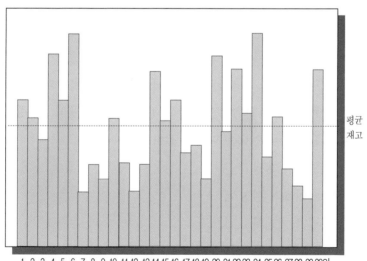

평균
재고

1 2 3 4 5 6 7 8 9 10 11 12 13 14 15 16 17 18 19 20 21 22 23 24 25 26 27 28 29 30일

재고변동의 실태를 정확하게 표현하면 다음 페이지 위의 그래프와 같다. 따라서 재고수준을 정확하게 나타내기 위해서는 이 사선부분의 면적을 계산해야 한다. 즉, 재고란 본래 동태적인 것으로서 유동하는 것이 그 속성이므로 운전재고로 파악할 필요가 있다.

운전재고의 실태는 재고 계산을 사람의 수작업에 의지하는 종래의 방식으로는 파악할 수 없다. 그러나 최근 재고의 입출고 데이터를 컴퓨터를 이용하여 리얼타임으로 처리할 수 있게 되면서 운전재고의 실태도 필요에 따라서 자유로이 파악할 수 있게 되었다. 앞의 그래프에서 보는 바와 같이 운전재고의 상태 자체는 전형적으로 생산된 결과 보유하게 된 재고라고 할 수 있다.

그러나 재고를 정확하게 파악할 수 있다고 해도 본래의 목적인 재고의 통제는 불가능하다.

운전재고의 통제

운전재고에는 창고 안의 재고만이 아니라 공장 여기저기에 산재되어 있는 미완성품도 포함한다. 즉, 미완성품은 재고와 다름없기 때문에 모두 통제대상에 포함시켜야 한다. 운전재고를 효율적으로 통제하기 위한 중요한 포인트는 다음과 같다.

- 기준일정의 설정
- 로트사이즈의 설정
- 로트별 납기계획

다음 페이지 아래의 그래프를 이용하여 좀더 구체적으로 살펴보도

실제재고의 변동

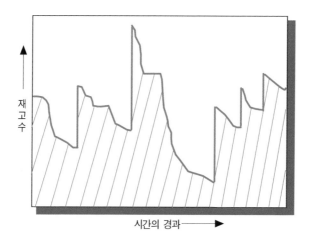

제어된 운전재고

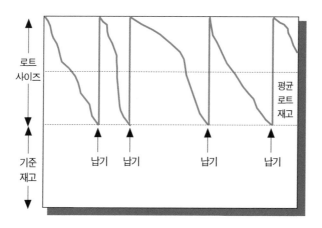

록 하자. 기준일정과 로트사이즈에 대해서는 이미 언급한 바 있으므로 여기서는 로트사이즈가 운전재고에 미치는 영향을 생각해 보자.

운전재고의 총량은 앞의 그래프와 같이 기준일정의 전제가 되는 기준재고량과 로트화에 의해 생기는 로트재고의 합계가 된다. 로트사이즈를 1이라고 가정하면 로트재고는 제로가 되며 운전재고는 기준재고량과 같게 된다.

그러나 로트사이즈가 커지면 로트재고도 추가해야 한다. 로트재고의 추이 그래프는 아래의 '제어된 운전재고'와 같이 변형된 삼각형을 연결한 형태가 되며, 출고추이를 보면 매일의 출고수량이 변동하기 때문에 사선의 각도가 일정하지 않고 직선으로도 되지 않는다. 그러나 입고는 일정량이 한 시점에 집중하기 때문에 그래프에서는 수직선이 된다.

다시 말해 로트재고는 직각 삼각형의 면적을 합계한 것이 되는데 각각의 저변의 길이는 다르지만 높이는 일정하다. 따라서 각 삼각형의 저변을 합하면 총면적을 계산할 수 있다. 여기서 저변의 합계라는 것은 예를 들어 1개월과 같이 계산대상이 되는 기간이 된다. 만약 로트사이즈를 L, 일수를 D라고 하면 로트재고의 월간 총량의 계산식은 다음과 같다.

$$로트재고의\ 월간\ 총량 = (D \times L) / 2$$

또한 로트재고의 일별 평균재고량 m의 계산식은 다음과 같다.

$$m(\text{로트재고의 일별 평균재고량}) = 0.5 \times D \times L / D = 0.5L$$

이와 같이 로트재고의 수량은 로트사이즈를 정하는 것만으로도 용이하게 계산할 수 있고 이를 근거로 통제할 수도 있다. 다만 이를 위해서는 일정한 조건, 즉 로트별 납기계획이 필요하다.

납기계획이 없으면 253페이지 위의 그래프와 같은 자의적인 입고가 되기 때문에 로트재고와 기준재고량에 따른 설정수준이 깨지게 되며 이렇게 되면 결국 재고를 통제하기가 어렵게 된다.

로트별 납기계획은 특별한 것이 아니다. 이 책의 처음부터 설명해 온 일련의 일정계획시스템을 통해 자동적으로 도출되는 것이다.

5 2 사장재고의 관리

　어느 물류센터에서 재고조사를 실시했는데 재고의 약 30%가 사장 재고로 판명되었다고 한다. 즉, 창고는 컴퓨터로 제어되는 최신 자동 창고였지만 그 관리방법은 매우 조잡했던 것이다. 최근 이 회사의 제품은 종류와 수량 면에서 크게 증가했다. 때문에 그토록 자랑하던 자동창고의 공간이 부족하게 되자 증설계획을 세우게 되었다.

　그러면 이러한 대량의 사장재고가 생긴 이유는 무엇이며, 발견이 늦어진 이유는 무엇일까? 이 사례를 분석해 보면 재고관리와 관련된 숫자상의 문제가 대두된다.

사장재고(dead stock)의 발생

　이 회사는 사장재고를 공개할 수 없는 분위기가 팽배해 있었다. 관리지향이 너무 강한 나머지 일종의 완벽주의가 횡행하고, %값에 대한 실패를 인정할 수 없었던 것이다. 더구나 이 회사의 제품은 패션 관련 제품이기 때문에 사장재고의 리스크를 피할 수 없었다.

실제 지금까지 매년 대량의 예측오차가 발생하고 있는데도 이것을 공개하지 못하여 사장재고를 처분하지 못하고, 정규 재고리스트에 등록시키고 있었다. 즉, 그 결과가 매년 누적되어 지금에 이르게 된 것이다.

사장재고의 대책

사장재고를 방치하게 되면 그 영향은 여러 형태로 파급된다. 우선 창고공간이 부족해지고 외관상 재고회전율이 나빠진다. 이 회사의 경우는 이전보다 30%나 악화되었다. 이 때문에 상부로부터의 강한 지시도 있었고 재고의 삭감을 위해 주력하기도 했으나 무리한 재고삭감의 결과는 결코 좋지 못했다. 결품이 빈발하고 고객의 평판도 매우 나빠졌다. 또한 결산에도 문제가 생겼다. 사장재고에 해당하는 부분만큼 이익을 늘렸기 때문에 일종의 분식결산을 하게 된 것이다. 이 때문에 경영판단이 잘못됐을 수도 있다.

이 회사가 이러한 문제를 해결할 수 있는 방법은 간단하다.

첫째, 재고품은 반드시 진부(陳腐)화된다는 현실을 직시해야 한다. 현장에서 돌아가는 실질과 책상에서 서류상으로 처리하는 업무가 상이하게 움직이는 형식주의는 비즈니스 세계에서 아무런 도움이 되지 않는다.

둘째, 사장재고를 공식적으로 처분할 수 있는 시스템을 도입해야 한다. 예를 들면 사장재고 처분을 위해 일정한 기준을 설정할 수 있다.

셋째, 정상적인 재고품과 사장재고의 장소 및 구좌를 확실히 구별해야 한다. 그러면 외관상이 아닌 실질적인 재고관리가 가능해진다.

이와 같은 조치에 따라 하드웨어적인 측면(창고설비 등)과 소프트웨어적인 측면(정보처리 등) 각각의 영역에서 활성화를 도모할 수 있다.

5 3 총괄재고의 관리

재고의 총괄관리

재고를 근본적으로 삭감하기 위해서는 재고를 총괄적인 측면에서 취급할 필요가 있으며, 공장 내에 있는 실질적인 재고 모두를 대상으로 해야 한다. 그런 의미에서 재고는 크게 완성품 재고와 운전재고의 2가지로 분류할 수 있다. 이 경우 운전재고에는 공장 내의 원재료나 미완성품의 일체가 포함되며, 양적으로 볼 때 운전재고가 완성품 재고보다 훨씬 많은 것이 일반적이다.

재고의 성격 파악

그 다음으로 확실히 해야 할 것은 재고의 성격이다. 재고의 성격은 안전재고, 로트재고, 기준재고로 분류할 수 있다. 과잉재고, 사장재고도 있지만 이는 재고관리를 통해 없애야 하는 대상이기 때문에 재고의 개념에서 제외해도 무방하다. 이들 재고의 성격을 완성품 재고와 운전재고 각각에 맞게 정리하면 위의 도표와 같다.

완성품 재고의 대부분은 안전재고에 해당되나, 일시적으로 입고되는 로트사이즈에 따라 로트재고가 발생한다. 다시 말해 본래는 안전재고로만 되어 있지만 로트재고가 추가된 것이다. 253페이지의 '제어된 운전재고'에 있는 기준재고 부분을 안전재고로 바꾼다면 이해하기 쉬울 것이다. 그 위에 있는 삼각형이 로트재고가 된다.

한편 운전재고의 대부분은 기준재고이지만 전공정으로부터 재료를 받아들일 때의 로트사이즈 크기에 따라서 로트재고가 발생한다. 본래는 기준재고로만 되어 있지만 로트재고가 추가된 것이다. 이것이 운전재고의 기본구조이다. 그런데 여기에 안전재고가 추가되는 경우도 있다. 이론적으로 서로 차이가 있는 것은 아니지만 그만큼의 재고가 늘어나고 절차가 복잡해지는 문제가 있다.

총괄재고의 수량파악

그럼 이번에는 총괄재고의 수량을 파악하는 방법에 대해 살펴보도록 하겠다. 재고수량을 정확하게 파악하는 것은 재고를 통제하기 위한 출발점이 된다. 이 경우 완성품 재고의 수량을 파악하는 일은 어렵지 않지만 운전재고는 그리 간단하지가 않다.

예를 들면 SNS(누계번호시스템)에서는 공장 내부를 몇 개의 공정으로 분할해서 그 공정으로 넘어올 때마다 품목별 수량데이터를 입력하도록 되어 있는데, 이 데이터를 리얼타임으로 처리해야 현시점의 재고수량을 즉시 파악할 수 있다. 통상 재고정리 때 외에는 진행 중인 현품을 셀 수가 없으므로 공정별 입출고 데이터를 정확하게 수집할 수 있는 체제나 시스템이 필요하다.

여기서는 재고데이터가 있다는 전제하에 재고의 모든 것을 파악하는 방법을 살펴보도록 하겠다. 총괄재고는 매우 유동적인데 그 이미지를 표현하면 다음 페이지의 그래프와 같다.

사선 a는 제품의 판매예측을 나타낸 것으로서 일정의 진행에 따른 누적수량이 표시되고 있다. 여기에 판매실적 누계를 표현하는 사행선(꾸불꾸불한 선) b가 겹쳐져 있다. a와 평행선으로 놓여 있는 직선 c는 제품이 완성되자마자 완성품 창고에 입고된 누계를 나타내고 있다.

직선 c와 a 사이의 영역은 완성품에 대해서 계획된 안전재고이다. c 직선과 입고실적이 같다고 가정하면 이 직선과 곡선 b 사이의 영역이 실제로 확보되는 안전재고가 된다. 더욱이 좌측, 즉 상위공정으로 올라가면 이 공장의 공정과 공정 자체의 누적완료수량을 나타내는 직선은 다음과 같이 된다.

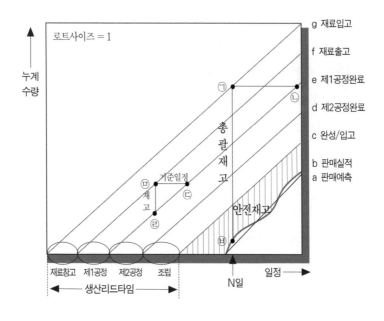

- 제2가공 공정 : 제2공정 완료누계직선 d
- 제1가공 공정 : 제1공정 완료누계직선 e
- 재료창고 : 재고출고누계직선 f
- 재료창고 : 재료입고누계직선 g

따라서 g와 f 사이의 영역은 재료창고의 재고를 나타내고, f와 e 사이의 영역은 제1가공 공정의 미완성품을 나타낸다. 그리고 e와 d 사이의 영역은 제2가공 공정의 미완성품을 나타내며 d와 c 사이의 영역은 조립공정의 미완성품을 나타낸다. 이처럼 공장 내의 모든 미완성품을 파악하여 그 각각을 합하면 운전재고를 알 수 있다. 마찬가지로 완성품의 안전재고도 알 수 있다.

한편 모두를 합계한 총괄재고도 파악할 수 있다. 그림을 보면 N일에 있어서의 총괄재고는 재료입고직선 g상의 ㉠점과 판매실적곡선 b상의 ㉡점을 연결하는 수직선의 길이가 된다.

총괄재고를 관리하는 방법

총괄재고를 파악한 이후에 이것을 통제하는 방법을 생각해보자. 이해를 돕기 위해 처음에는 로트재고를 고려하지 않는 것으로 한다. 즉, 로트사이즈는 1이라는 가정하에 다시 한번 앞의 그래프를 살펴보도록 하자.

결론은 극히 간단하다. 각 공정별로 기준일정이 제시되어 있는데 이것을 단축하면 된다. 예를 들면 제1공정에서는 ㉤점에 착수하고 ㉢점에 완료하고 있는데 이 두 점을 연결한 수평선의 길이가 공정기간, 즉 기준일정을 나타낸다.

이 공정의 경우 원래 3일로 되어 있었으나 개선에 의해서 2일이 되었다고 가정해보자. 그래프에서는 ㉤점과 ㉣점을 연결한 수직선이 이에 해당되므로 기준일정을 2일로 단축하면 미완성품 수량도 당연히 그에 따라서 삭감되며 총괄재고를 줄일 수도 있다.

이번에는 로트재고를 포함한 총괄재고의 통제방법을 다음 그래프를 통해 살펴보도록 하겠다. 총괄재고는 재료수입선과 출하선 사이의

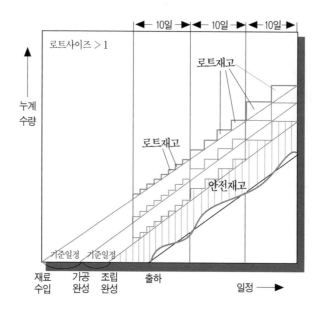

영역이 된다. 따라서 로트가 1을 넘으면 운전재고는 기준미완성품에 로트재고를 추가시키게 된다. 로트재고는 앞에서 설명했듯이 변형된 삼각형 형태로서, 그 수량을 계산하는 것은 용이하다.

그래프를 보면 기준미완성품에 로트재고를 더한 총괄재고의 동태를 나타내고 있는데 로트사이즈가 커짐에 따라 로트재고도 커지고 있으며, 당연한 결과로서 총괄재고도 커지게 된다.

재고삭감과 생산성

총괄재고는 안전재고, 기준미완성품, 로트재고의 3가지로 구성되어 있다. 따라서 재고를 삭감하기 위해서는 이 3가지 모두에 대해 대책을 강구할 필요가 있다. 우선 안전재고는 마케팅 전략이나 판매방침 등과 관련이 있기 때문에 특정 부문 단독으로는 결정할 수 없다. 그러나 기준미완성품이나 로트재고의 삭감은 단독으로도 결정할 수 있다.

특히 최근에는 로트사이즈를 줄이고 로트재고를 삭감하는 활동이 활발한데, 많은 공장에서 실시하고 있는 단일계획이나 생산흐름의 단일화 방안도 모두 이러한 생각에 따른 것이다. 극단적인 경우 로트는 작을수록 좋다는 의견도 있으나 로트효과의 의미를 완전히 부정할 수는 없다.

공장에서 이루어지는 작업은 직접 가공하는 작업과 준비(마무리) 작업으로 나눌 수 있다. 일반적으로 직접가공에 필요한 작업시간은 생산수량에 정비례한다. 예를 들어 1개당 가공시간이 5분이라면 10개를 가공하는 데는 50분이 걸린다.

이에 반해 준비시간은 제조수량과는 관계가 없다. 예를 들어 프레스기계로 금형을 바꾸는 시간은 로트수가 1개이든 10개이든 마찬가지이다. 준비시간이 60분이라고 가정하면 로트별 총가공시간은 다음과 같다.

- 로트 1개의 단위당 총가공시간 : 65분
- 로트 10개의 단위당 총가공시간 : 110분

이 계산은 다음과 같은 계산식에 따라 행한 것이다.

- 로트수 1개의 경우 : m + t
- 로트수 10개의 경우 : 10m + t

  (m : 1개당 가공시간, t : 준비시간)

로트재고를 줄이는 것은 곧 로트사이즈를 작게 하는 것이기 때문에 비교적 단순하다. 그러나 계산식에서 알 수 있듯이 그 대신 생산성의 저하를 감수하지 않으면 안 된다.

이 딜레마를 극복한 것이 단일계획이다. 여기서 단일이라는 의미는 준비시간을 10분 이하로 끝낸다는 것을 뜻한다. 이 사례에서는 60분을 5분으로 개선한 것으로서 이 경우의 총시간은 앞의 식에 따라 로트 10에 55분이 된다. 따라서 1개당 작업시간은 5.5분이 되는 것이다. 이에 대해서 로트 1에서는 총시간과 1개당 작업시간이 각각 5분이기 때문에 합계 10분이 되며, 그 차이는 4.5분이 된다.

이와 같이 최근에는 작업방법의 개선을 통해 생산성을 그다지 저하하지 않으면서도 소(小)로트화가 가능하게 되었다. 그렇다고 로트효과가 제로가 되는 것은 아니다. 따라서 무턱대고 로트재고의 삭감을 추진하기보다는 생산성과의 균형을 고려할 필요가 있다.

5 4 OP시스템(1)

정량주문방법

재고관리는 재고품의 조달에서부터 시작되며, 재고의 조달방법은 크게 정기주문방법과 정량주문방법의 2가지로 나뉜다.

이 책에서는 지금까지 주로 정기주문방법을 기준으로 하여 설명하였다. 왜냐하면 요즘과 같이 변화가 극심한 시장환경에서는 정기주문방법이 보다 효율적이기 때문이다. 다만 정기주문방법으로 처리하게 되면 시간이 많이 걸린다는 단점이 있다. 따라서 그다지 중요하지 않은 품목에 대해서는 개략적으로 관리해도 된다. 정량주문방법은 개략적인 재고관리 방법으로서 OP시스템과 Two-bin시스템이 대표적인 정량주문방법이다.

OP시스템

OP(ordering point)란 주문점을 말하는 것으로, 그 시스템을 요약하면 다음과 같다.

① 재고품목별로 주문 1회당 수량을 결정한다.

② ①에 맞춰 일정한 재고수준을 설정하고 이것을 OP점으로 한다.

③ 재고수량이 감소하여 OP점에 도달하면 자동적으로 발주한다.

이처럼 OP시스템을 적용한 시스템의 도입절차는 극히 간단하다. OP시스템의 특징은 OP점의 설정과 주문로트의 결정방법에 있다. 주문로트에 대해서는 이미 로트사이즈 부분에서 설명했으므로 여기서는 OP점을 어떻게 결정하는가에 대해서만 살펴보도록 하겠다.

우선 다음 위의 도표를 이용하여 OP법의 기본적인 내용에 대해 살펴보도록 하자. 도표는 주문품의 입고시점에서 시작하며 당연히 이때의 입고수량은 일정한 로트사이즈가 된다. 공장에서 입고된 물품을 계속해서 사용하게 되면 수량은 차차 줄어들다가 곧 OP점에 도달하는데 여기서 즉각 다음 주문서를 발행한다. 이후에도 재고는 계속 감소하다가 결국 제로가 되는데 바로 이때 지난 번에 주문한 물품이 다시 입고된다.

단, 이 사이클에는 조건이 있다. 즉, 공장이 이 물품을 소비하는 속도와 납품에 필요한 리드타임은 항상 일정하다는 것이다. 그러나 현실적으로 공장에서 특정 물품을 항상 일정 수량 사용하는 일은 없기 때문에 오히려 아래의 도표와 같이 변동하는 것이 일반적이다. 이 도표의 '입고사이클 1'을 보면 OP점에서 발주한 이후 사용량이 급증하여 부족분이 생겼는데 이는 점선으로 표시된 통상의 소비그래프대로 사용하지 않았기 때문이다.

【1】 OP시스템의 이상적인 형태

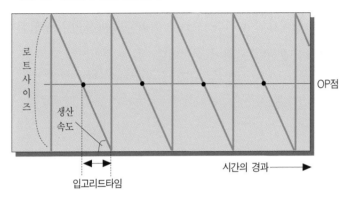

【2】 OP시스템이 순조롭게 진행되지 않는 경우

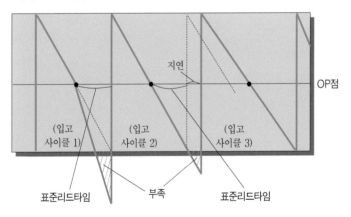

또한 '입고사이클 2'에서는 OP점에서 발주했지만 표준리드타임에 납품되지 않았다. 이때 생산속도를 그대로 유지할 경우 본래의 납기로부터 늦어지는 만큼 부족분이 발생하게 된다. 이와 같이 공장에서의 사용량의 증감이나 납기의 지연은 이상적인 OP시스템의 적용을 방해하는 장애요인이 된다. 그러나 이러한 장애요인은 생산현장에서 일상적으로 발생하는 것이 현실이다.

55 OP시스템(2)

OP시스템의 실용화

OP시스템을 생산현장에 적용하기 위해서는 다음 도표와 같이 사용량의 급증이나 납품의 지연을 완화할 수 있는 안전재고가 필요하다. 생산현장에 적합한 OP점을 수량 L로 나타낸다면 여기에 안전재고 S를 더한 수량이 현실적인 OP점이 된다. 이것을 식으로 나타내면 다음과 같다.

$$OP점 = L + S$$
$$L(수량) = 표준사용량(P) \times 표준\ 입고리드타임(d)$$
$$S(안전재고) = K \cdot \sigma s$$

여기서 표준사용량(P)이란 평준화된 생산환경에 있어서의 1일 사용량을 말한다. 또 표준 입고리드타임이란 물품을 주문해서 납품할 때까지의 표준일수로 변동하지 않는 것이 원칙이다.

일반적으로 재고부족은 공장에서의 사용량이나 입고리드타임이 실제 기대한 평균치에서 벗어나기 때문에 발생한다. 따라서 안전재고는 그 평균치에서 벗어나는 것을 커버할 수 있는 수량만큼 필요하다.

K는 평균치에서 벗어나는 정도를 표시하는 표준편차의 몇 배가 되는지를 나타낸 것으로, 이 값은 앞에서 설명했듯이 결품률을 어느 정도로 할지에 따라 정책적으로 결정된다. 즉, 예측착오나 안전재고의 경우를 생각하면 된다.

σ_s는 일별 사용량 편차와 입고리드타임의 편차를 합성한 값으로서 이들 각각의 편차도 표준편차로 표현할 수 있다. 즉, 입고리드타임의 편차는 σ_d, 일별 사용량의 편차는 σ_p로 나타낸다.

σ_s는 다음의 아래 도표와 같이 이 2가지의 편차를 합성한 것이기 때문에 그 값도 표준편차 σ_s로 나타낼 수 있다. 그 계산식은 다음과 같다.

$$\text{합성한 표준편차} \quad \sigma_s = \sqrt{\sigma_p^2 + \sigma_d^2}$$

이에 따라 실제로 OP점을 결정하기 위한 L과 S의 값을 계산할 수 있다.

OP시스템의 실제

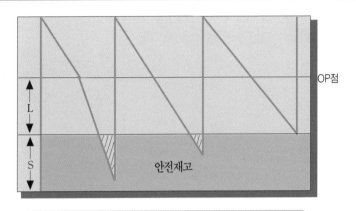

> OP점 = L + S
> L(수량) = 표준사용량(P) × 표준 입고리드타임(d)
> S(안전재고) = K · σs

일별사용량과 입고리드타임의 편차를 합성한다

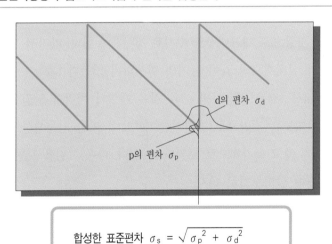

> 합성한 표준편차 $\sigma_s = \sqrt{\sigma_p^2 + \sigma_d^2}$

5 6 Two-bin시스템

Two-bin시스템

Two-bin시스템(二庫시스템)도 OP시스템의 일종이다. 다만 OP시스템을 적용하는 경우에는 입출고 데이터의 처리가 필요하다. 즉, 입고전표나 출고전표를 그때마다 발행하여 수불관리를 해야 하며 전표데이터를 바탕으로 재고대장도 수시로 갱신해야 한다. 따라서 장부상의 재고와 실제재고의 차이가 거의 발생하지 않는다.

Two-bin시스템을 적용하면 이와 같은 데이터 처리가 불필요하고 현품을 살펴보는 것만으로도 관리할 수 있다. 또한 기준생산계획과 연관시키지 않고 독자적으로 보완할 수 있다. 다음 그림을 보면서 그 내용에 대해 살펴보기로 하자.

준비스텝

우선 재고품목별로 같은 크기의 용기를 2개씩 준비하여 한 쪽의 용

Two-bin시스템

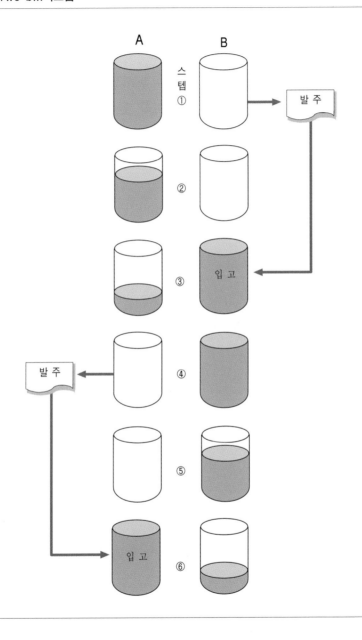

기 A는 가득 채우고 나머지 용기 B는 비워둔다.

① 스텝 1

B가 비어 있음을 확인하는 즉시 재고를 보충하기 위한 주문서를 발행한다. 예를 들면 용기의 밑부분에 미리 작성해 둔 주문서를 넣어두면 납품처가 주문서를 가져가는 것만으로 발주준비를 할 수 있어 편리하다.

② 스텝 2

용기 A의 재고량은 점차 감소하며 B는 빈 용기 그대로이다.

③ 스텝 3

A의 재고량은 거의 없는 반면 B는 주문한 만큼의 수량이 입고되기 때문에 가득 차게 된다.

④ 스텝 4

A가 비어 있음을 확인한 후에 즉시 발주준비를 한다. B는 가득 차 있다.

⑤ 스텝 5

A는 비어 있는 상태 그대로이며 B의 재고량은 점차 감소한다.

⑥ 스텝 6

주문했던 만큼이 입고된 A는 가득 차게 된다. 반면 B의 재고는 많이 감소하였다.

스텝 ⑥ 다음에는 다시 스텝 ①로 돌아가며 이후에는 지금까지의 순서를 반복하게 된다. 이와 같이 Two-bin시스템에서는 한쪽 용기가 비었을 때를 OP점에 달한 것으로 본다. 따라서 용기가 작으면 다음 입고가 이루어지기 전에 비게 되며, 반대로 용기가 너무 크면 재고가 충분한데도 입고가 이루어진다.

Two-bin시스템에서는 용기의 사이즈가 곧 OP점을 의미하기 때문에 용기 사이즈의 결정이 매우 중요하다. 엄밀히 말해 Two-bin시스템에서의 OP점은 OP시스템에서와 같은 계산법에 따라 결정된다. 그대신 일단 용기 사이즈가 결정되면 재고관리는 극히 간단해진다.

57 ABC 관리

중점재고관리 기법

기업은 경영활동을 효율적으로 수행하기 위해 원가관리, 품질관리, 납기관리 등 여러 각도에서 관리를 하게 된다. 그러나 관리 그 자체는 수단이지 목적은 아니다. 따라서 관리방식을 가급적 단순화할 필요가 있는데 이에 대한 가장 효과적인 방법이 바로 중점관리이다.

재고관리에 있어서의 중점관리 방법으로는 ABC 관리기법이 주로 이용된다. 일반적으로 공장에서 관리해야 하는 재고품목의 종류는 매우 다양하며 품목에 따라서 그 중요도가 달라진다. 이처럼 중요도에 따라 관리방법을 달리한다는 관점에서 생겨난 것이 바로 ABC 관리이다. 예를 들어 볼트나 너트같은 부품의 관리는 Two-bin시스템과 같은 간편한 방법을 이용해도 큰 문제가 발생하지 않는다.

ABC 관리에서는 관리대상이 되는 모든 재고품을 A 클래스, B 클래스, C 클래스로 분류한다. 그리고 이러한 분류에 따라서 관리방법을 달리하게 된다. 일단 ABC 관리를 하기 위해서는 우선 다음에 설명하는 ABC 분석기법에 따라 관리대상품을 분류해야 한다.

ABC 분석의 구체적인 방법

ABC 분석의 구체적인 방법을 간단한 사례를 통해 살펴보도록 하자. 다음의 표는 어느 창고의 재고품 리스트이다. 품목의 종류는 a~t까지 20종류이며 그 작성규칙은 다음과 같다.

- 재고금액이 많은 순으로 나열한다(제2열).
- 같은 순번으로 재고품의 누계금액을 계산한다(제3열).
- 같은 순번에 따라서 품목의 누계비율을 계산한다(제4열).
- 같은 순번에 따라서 금액의 누계비율을 계산한다(제5열).

이 리스트에 따라서 282페이지와 같은 그래프를 작성할 수 있는데 그 작성순서는 다음과 같다.

① X축에 금액순으로 품목을 나열하고 Y축에 품목별 재고금액의 히스토그램을 작성한다.
② 품목별 금액 히스토그램의 누계를 점(plot)으로 하여 그래프를 작성한다.
③ X축과 Y축을 구성비(percent)로 표시한다.
④ A, B, C의 세 영역으로 구분한다. 영역의 구분은 방침에 따라 정한다(방침은 임의로 결정해도 좋다). 이 사례에서는 다음과 같이 구분하였다.

재고수량 리스트

①	②	③	④	⑤
품목	재고금액(천원)	재고금액누계(천원)	품목 누계 비율	금액 누계 비율
a	600	600	0.05	0.30
b	500	1,100	0.10	0.55
c	160	1,260	0.15	0.63
d	140	1,400	0.20	0.70
e	110	1,510	0.25	0.76
f	90	1,600	0.30	0.80
g	80	1,680	0.35	0.84
h	60	1,740	0.40	0.87
i	35	1,775	0.45	0.89
j	25	1,800	0.50	0.90
k	24	1,824	0.55	0.91
l	23	1,847	0.60	0.92
m	23	1,870	0.65	0.94
n	22	1,892	0.70	0.95
o	22	1,914	0.75	0.96
p	21	1,935	0.80	0.97
q	20	1,955	0.85	0.98
r	16	1,971	0.90	0.99
s	15	1,986	0.95	0.99
t	14	2,000	1.00	1.00

	품 목	금 액
A	0 ~ 20%	0 ~ 70%
B	20 ~ 45%	70 ~ 90%
C	45 ~ 100%	90 ~ 100%

이와 같이 영역을 구분하면 재고를 중점적으로 관리할 수 있다. 다음 페이지의 그래프를 보면 A영역은 품목으로는 20%에 불과하지만 모든 재고금액의 70%를 차지하고 있다. 따라서 이 품목에는 정밀한 관리가 필요하다.

한편 C영역은 품목으로는 55%이지만 금액은 10%에 지나지 않는다. 따라서 여기에 해당되는 품목의 관리는 개략적으로 해도 상관없으며, OP시스템이나 Two-bin시스템을 이용하면 된다. 그리고 B영역의 관리는 A와 C의 중간 정도가 된다.

이와 같이 중요도에 따라 관리하게 되면 적은 노력으로 보다 큰 효과를 기대할 수 있다. 이 사례에서는 재고금액에 따라서 중요도를 나누었지만 재고수량으로 나눌 수도 있다. 또한 재고금액뿐만 아니라 판매금액이나 생산금액에 따른 영역분류도 가능하다.

ABC 분석의 응용

ABC 분석은 재고관리뿐만 아니라 품질관리나 원가관리의 분야에도 적용할 수 있다. 예를 들어 품질관리에 있어서는 다음과 같이 불량 항목에 대해 ABC 분석을 할 수 있다. 우선 그래프의 X축에 얼룩, 흠

ABC 분석의 예

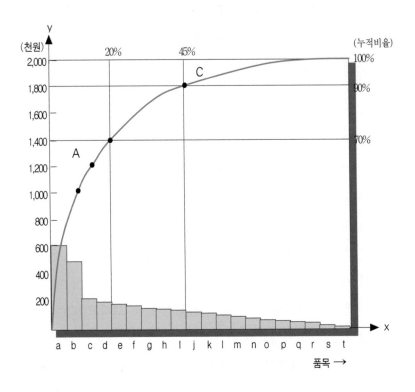

집, 조립 오류, 볼트의 헐거움 등과 같이 제품의 불량빈도가 많은 항목부터 순서대로 나열한다. 그리고 Y축에는 100, 200, 300 등과 같이 발생빈도의 눈금을 새긴다.

다음은 재고관리의 경우와 마찬가지로 불량빈도가 큰 순서대로 누계해서 그래프를 그린다. 이때 불량항목별 발생빈도는 똑같지 않으며 한쪽으로 편중된다. 즉, 불량은 여러 가지 유형으로 두루 나타나는 것이 아니라 특정 항목에 집중되는 경향이 있다. 이러한 불량항목을 발견할 수 있다면 당연히 문제를 해결할 수 있을 것이며 따라서 원인이 밝혀지면 불량대책의 효율도 높아지게 된다.

원가관리에서도 ABC 분석이 이용된다. 예를 들어 어떤 제품을 구성하는 부품 전체를 그래프의 X축에 원가의 크기순으로 나열한다. 그리고 Y축에는 누계금액 눈금을 새긴다. 그 다음은 재고관리의 경우와 마찬가지로 그래프를 그리며, 이 작업에 따라 중점적으로 원가를 절감할 품목이 정해진다.

ABC 분석의 정식명칭은 '파레토곡선(pareto curve)'으로서, 19세기 이탈리아의 경제학자 파레토가 국민소득의 분포를 조사하여 소수의 사람이 부(富)의 대부분을 점하고 있음을 그래프로 나타낸 것이 그 출발이었다. 이러한 파레토곡선은 비록 경제학에서 출발하였지만 ABC 분석기법으로 발전하여 지금까지 설명한 바와 같이 중점관리가 가능한 분야(품질관리, 재고관리, 원가관리 등)에 광범위하게 적용할 수 있다.

7장

생산관리의 새로운 동향

5 8 ISO와 ERP

공장에서의 생산방법은 시대의 변화에 따라 많은 영향을 받아왔으며 생산관리 역시 상당한 변화를 겪게 되었다. 이 장에서는 생산관리의 변화와 새로운 움직임 가운데 중요한 내용에 대해 살펴보기로 한다.

생산관리의 변화 내용

거품경제가 해소되면서 우리 산업계는 과거와는 달리 큰 혼조세를 보이고 있다. 특히 서비스·금융업과 같은 제3차 산업은 장기간에 걸쳐 정부의 보호 및 규제를 받아오다가 이러한 보호가 없어지면서 갑자기 국제경쟁력을 상실하게 되었다. 따라서 새로운 시대에 맞는 굳건한 체제를 재구축하기 위해서는 상당한 시간이 필요하다.

이제 경영의 국제화에 대응할 수 없는 기업은 시대의 흐름에 뒤처질 수밖에 없으며 국제화를 실현하기 위한 방법은 예컨대 글로벌 스탠더드(global standard)에 대응할 수 있는지 여부에 달려 있다.

이러한 상황에서 의지할 것은 역시 뭐니뭐니해도 제2차 산업, 즉 제조업이라고 할 수 있는데, 현재 제조업의 생존과 관련해서는 2가지의 큰 과제가 있다. 그 중 하나는 ISO, 즉 국제규격에의 대응이고, 또 하나는 ERP에의 대응이라 할 수 있다.

글로벌 스탠더드로서의 ISO와 ERP

제조업의 경영관리활동 중 가장 핵심이라고 할 수 있는 생산관리분야는 상기 과제를 기준으로 전면적으로 재조직해야 한다. ISO 9000은 1987년에 국제규격으로 제정된 것으로, 우리나라에는 1990년 초에 도입되었다. 당시 일본의 제조업은 전 세계적인 수준이라는 자부심이 있었다. 일본의 생산방식을 상징하는 TQC(Total Quality Control)나 JIT 시스템, 칸반시스템 등의 용어는 이미 세계 공통어가 되기도 했다.

따라서 품질관리나 생산관리에 있어서 굳이 국제규격에 따를 필요가 있는가에 대한 반발이 적지 않았다. 또한 행동이나 의사결정에 있어서 역동성·민첩성이 요구되는 제조현장에 세심한 규정이나 보고 문서를 많이 요구하는 것은 쓸데없는 서류작업을 부과함으로써 도리어 낭비나 문제점을 야기시킨다는 염려도 많았다.

지금도 일부 공장에서는 이와 같은 ISO 9000에 대한 비판이 있지만 글로벌화를 위해 이것을 적극적으로 도입하는 추세를 보이고 있다. 특히 ISO 9000이 더욱 발전된 ISO 14000에 이르러서는 이를 도입하는 것이 새로운 비즈니스를 전개하는 데 있어 반드시 필요하다고 인식하는 기업들이 증가하고 있다.

5 9 ISO 9000과 생산관리

ISO

ISO(International Organization for Standardization, 국제표준화기구)는 규격이 아니라 그것을 제정하는 기관을 말한다. 지금까지 이 ISO에 의해 갖가지 규격이 제정·발표되어 왔다. 분야 또한 넓어서 기계·자동차·화학·철강·정보처리 등 여러 분야에 이르고 있다. 특히 최근에는 품질관리인 ISO 9000과 환경경영인 ISO 14000 규격에 많은 힘을 쏟고 있다. 이 때문에 종래의 생산관리와는 여러 가지 면에서 공통적이면서도 보완적인 내용들이 많이 생겨나고 있다.

ISO 9000의 도입효과

우리나라의 기업경영은 한마디로 Bottom-up형이라고 할 수 있다. 그러나 ISO 9000의 접근방법은 기본적으로 Top-down형이다. 따라서 도입에 따른 기대효과도 단순히 현장의 개선에 그치는 것이 아니라 경영활동 전체에 미칠 것으로 기대된다. 이 점에서 ISO 9000의 효과는 최고경영자를 포함하여 다음과 같은 요구(needs)에 잘 맞아떨어진다.

① 해외에서의 사업전개에 유리

유럽기업과 거래하는 경우 ISO 9000 인증 취득이 기본조건이 되는 경우가 많아졌다. 더욱이 공공사업의 입찰에 참가하는 경우는 국내외를 불문하고 인증취득이 조건으로 되고 있다.

② 사내품질관리 수준의 향상

많은 기업들이 품질관리를 중점적으로 실시하고 있으나, 조직체계나 시스템적인 관점에서 보면 아직 많은 문제점을 안고 있다. ISO 9000을 도입하게 되면 이러한 문제점을 보완할 수 있을 뿐만 아니라 국제적으로도 통용되는 관리체제를 구축할 수 있다.

③ 기업 이미지의 향상

ISO 9000 인증을 취득하게 되면 그 기업의 품질관리체제가 일정 수준 이상이라는 것을 입증할 수 있다. 따라서 기업의 생산수준을 객관적으로 인정받을 뿐만 아니라 사회적인 평가도 향상된다.

ISO 9000의 구성

ISO 9000의 구성은 다음 도표와 같이 대략 5가지로 나뉘며 각각의 범위는 도표에 표시된 바와 같다. 그리고 2000년 들어 ISO 9001 / 9002 / 9003은 모두 ISO 9001로 통합되었으며, ISO 9000은 2003년 12월 31일

ISO 9000의 대략적인 흐름

규 격		ISO 9000	ISO 9001	ISO 9002	ISO 9003	ISO 9004
내 용		각 규격의 개요와 선택의 지침	설계, 개발, 제조, 불량, 부대서비스의 품질보증 모델	제조, 불량, 부대서비스의 품질보증 모델	최종검사, 시험의 품질보증 모델	품질관리 및 품질보증 시스템의 안내
범위	설 계	△	○			△
	개 발	△	○			△
	제 조	△	○	○		△
	불 량	△	○	○		△
	부 대 서비스	△	○	○		△
	검 사	△			○	△

* ISO 9001 / 9002 / 9003은 2000년 이후 ISO 9001로 통합되었음.

로 효력을 잃고 지금은 ISO 9001이 이용되고 있다.

따라서 여기에서는 ISO 9001의 내용을 좀더 자세히 살펴보도록 하겠다. ISO 9001의 핵심이 되는 품질 매뉴얼의 대항목은 다음 페이지의 표와 같다. 그리고 대항목에 상세항목이 붙어 있는데 몇 가지 사례를 들어보면 다음과 같다.

ISO 9001의 주요 요구항목

- 경영자의 책임
- 품질시스템
- 계약내용의 검토
- 설계관리
- 문서 및 데이터 관리
- 구매
- 고객 지급품의 관리
- 제품의 식별 및 추적성
- 공정관리
- 검사 및 시험
- 검사·측정 및 시험장비의 관리
- 검사 및 시험상태
- 부적합품의 관리
- 시정 및 예방조치
- 취급, 보관, 포장, 보존 및 인도
- 품질기록의 관리
- 내부 품질감사
- 훈련
- 서비스
- 통계적 기법

- 품질시스템 : 목적, 책임, 품질시스템의 구성, 품질시스템의 순서, 품질시스템의 문서화, 품질시스템의 실행, 품질계획
- 구매·외주 : 목적, 책임, 하청업자의 평가, 구입데이터, 구매품 검증

이러한 상세항목에는 기업의 특성에 따른 정의나 주석이 기입되어 있다. 더욱이 항목 자체에는 이를 뒷받침할 수 있는 관계문서나 기록이 필요한데, 여기서 관계문서란 각종 규정이나 매뉴얼을 말하며 구체적으로는 조직규정, 업무분장규정, 설계관리규정, 수입검사규정, 품질관리규정, 제조·관리규정, 월별 생산계획, 작업지시서, 작업표준서, 설비관리규정, 품질(QC)공정표 등 매우 다양하다.

ISO 9000의 심사내용

이러한 문서는 단순한 장식용이 아니라 일상 실무에 적용되어야 한다. 이 때문에 앞에서 기술한 심사요구항목과 유기적으로 연관되는 시스템이 구축되어 있는지 여부가 주된 심사내용이 된다. 예를 들어 대항목의 하나인 구매·외주의 상세항목으로 하청업자의 평가라는 항목이 있는데 이와 관련된 문서로는 다음과 같은 것이 있다.
- 구매·외주 관리규정
- 거래처 평가기준표
- 거래처 조사표
- 거래처 리스트

이와 같이 상세항목의 하나하나에 대해서 그것을 뒷받침할 수 있는 시스템이 존재하는지 여부에 대해 심사가 이루어지며 규정이나 매뉴얼의 체크는 그것을 검증하기 위해 행해진다. 따라서 심사를 하는 경우 기업 전체적으로 방대한 문서가 요구된다. 이 때문에 ISO가 비판의 대상이 되는 경우도 있다. 그러나 생각해 보면 ISO가 요구하는 것은 제조공장으로서 그 정도는 감수하지 않으면 안 된다. 다시 말해 당연히 그렇게 해야 할 것을 요구하는 것이다.

사실 우수한 공장의 경우 이 정도의 업무는 이전부터 실천해 왔었다. 따라서 ISO의 심사를 받는다고 해도 종래부터 하고 있던 것 가운데 미비한 곳을 보완하는 정도에 불과하다. 글로벌화에 대응하여 생산의 혁신을 꾀하려면 ISO의 도입을 자사시스템을 재점검할 수 있는 기회로 생각하고 적극적으로 도전해야 한다.

심사기관과 심사스케줄

ISO 9000의 심사는 협회에서 인정한 등록기관에 의해 이루어진다. 또한 기업이 심사를 받기 위해서는 다음과 같은 절차를 밟아야 한다.

- 1단계 : 서류심사
- 2단계 : 예비심사
- 3단계 : 실시심사
- 4단계 : 사후심사

각각의 단계에서 요구하는 일정은 다음과 같다.

A사의 심사스케줄

1월	2월	3월	4월	5월	6월	7월	8월	9월	10월	11월
▲	▲			▲						▲
서	예			실						사
류	비			시						후
심	심			심						심
사	사			사						사
	(2일)			(2일)						(연2회)

60 ISO 14000과 생산관리

ISO 14000의 배경

1974년 국제상공회의소(ICC)는 「전 세계 산업계를 위한 환경지침」을 발표하여 기업이 시행해야 할 최선의 환경보전·부하경감 대책은 각 기업의 자주적인 규제와 기준 설정 및 프로그램하에 실시되어야 한다는 것을 역설하였다. 그러나 환경보호를 위한 국제적 공동대응의 필요성은 1990년대에 들어와서야 본격화되기 시작하였다. 1991년 유엔환경개발회의(UNCED)는 ISO(국제표준화기구)와 IEC(국제전기표준회의)에 환경관리에 관한 국제표준의 제정을 요청하였으며, 1992년 리우지구정상회의에서 제창된 '환경적으로 건전하고 지속 가능한 개발(ESSD)'을 달성하기 위해 실천적 방법론의 하나로 실시되고 있는 환경경영이 기업경영의 새로운 화두로 등장하였다. 이에 1993년 ISO와 IEC는 ISO/TC207(환경경영위원회)을 설립하였으며, 1996년 9월 ISO 14001 국제규격이 제정되어 각국에서 ISO 14000 인증제도 실시를 시작하게 되었다.

ISO 14000의 개요

ISO 14000 시리즈는 조직을 평가하는 영역과 제품 및 공정을 평가·분석하는 영역으로 대별된다. 즉, 환경경영시스템, 환경심사 그리고 환경성과평가 등은 조직의 환경경영에 대한 평가를 위한 표준이며, 환경레이블링, 전 과정 평가와 제품규격에 관한 환경측면 등은 생산제품과 생산공정의 환경성에 관한 평가표준이라 할 수 있다.

특히 ISO 14000의 심사에서는 주로 ISO 14001(환경경영시스템)에서 정한 요구사항에 따라서 적합 여부가 판정되며, 이에 따른 환경경영시스템을 살펴보면 다음 페이지의 그림과 같다.

ISO 14001에서 규정한 환경경영시스템은 기업경영의 일부분으로서, 기업활동에 의해 발생할 수 있는 부정적인 환경영향을 지속적으로 개선하기 위한 체계적인 접근방법이라고 할 수 있다.

구체적으로 살펴본다면 조직은 환경방침을 달성하기 위한 일련의 목표 및 구체적인 환경경영 추진계획을 수립하고(Plan), 조직체계와 자원을 활용하여 수립된 추진계획을 실천하며(Do), 나아가 계획단계에서 설정된 목표 및 세부목표를 기준으로 조직의 환경경영 성과를 측정·감사·검토를 하고(Check), 또한 전반적인 환경성과의 개선을 실현할 수 있도록 경영자가 환경경영시스템을 검토하고 지속적으로 개선해 나가는(Action) 시스템을 지칭한다.

이처럼 ISO 14001에서 규정한 환경경영시스템의 구조는 일반적인 경영시스템이 갖는 특성을 모두 포함하는 바, 환경경영시스템은 현황

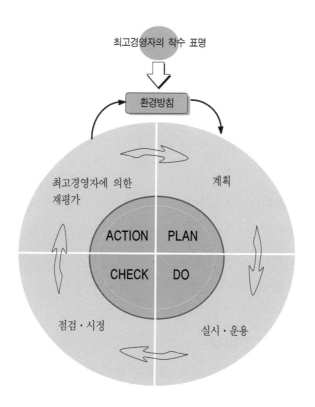

최고경영자의 착수 표명

환경방침

최고경영자에 의한
재평가

계획

ACTION   PLAN

CHECK   DO

점검 · 시정

실시 · 운용

분석, 개선계획 수립, 계획 실행, 실행결과에 대한 점검과 시정조치
등 일반적으로 경영시스템이 가져야 할 기본적인 요소들을 모두 반
영하고 있다고 할 수 있다.

ISO 14000의 인증 취득 방법

ISO 14000의 인증을 취득하려는 기업은 자사의 환경경영시스템이 ISO 14001의 요구사항에 적합한지 여부에 대해 심사를 받아야 한다. 심사는 ISO 9000과 마찬가지로 협회에서 인정한 등록기관이 수행한다. 다음 페이지의 도표는 심사를 받는 순서의 개요를 나타낸 것이다.

ISO 9000의 심사는 주로 9001의 품질 매뉴얼에 있는 요구사항에 따라서 적합 여부가 판정되지만, 앞서 언급하였듯이 ISO 14000의 심사에서는 주로 ISO 14001(환경경영시스템)에서 정한 요구사항에 따라서 적합 여부가 판정된다.

그리고 300페이지의 표는 ISO 14001에 따른 환경경영시스템상 요구항목의 개요를 나타낸 것이다. 요구항목 하나하나에 대해서는 그것을 뒷받침할 만한 시스템이 존재하는지 여부를 주로 심사하며, 규정이나 매뉴얼의 체크는 그것을 검증하기 위해 이루어진다.

ISO 14000의 도입효과

기업이 ISO 14000을 도입할 경우 기대되는 효과는 다음과 같다.

① 기업 이미지의 향상

환경친화적인 기업이라는 평가가 높아지고, 많은 고객으로부터 지지를 받게 될 것이다.

② 거래조건의 유리

ISO 9000의 경우와 마찬가지로 유럽의 유수한 기업과 거래할 때 인

① 조　회

② 등록범위의 협의

③ 심사의 신청과 계약

④ 예 비 조 사

⑤ 사 전 조 사

⑥ 서 류 심 사

⑦ 현 지 심 사

⑧ 심사결과 판정

⑨ 등록, 등록증 발행

⑩ 정 기 심 사

반년 또는 1년마다

⑪ 갱 신 심 사

3년째

개요항목(환경방침)		비고(QC사이클)
계 획	• 환경 측면 • 법률 및 기타 요구사항 • 목표 및 세부목표 • 환경경영 추진계획	PLAN
실 시 와 운 용	• 구조 및 책임 • 훈련, 인식 및 자격 • 의사소통 • 환경경영시스템 문서화 • 문서관리 • 운영관리 • 긴급사태에 대한 준비 및 대응	DO
점 검 과 시 정	• 감시 및 측정 • 부적합 시정 및 예방조치 • 기록 • 환경경영시스템의 감사	CHECK
	• 최고경영자에 의한 검토	ACTION

증을 취득한 기업은 우선순위를 갖게 된다. 특히 공공사업의 입찰에 참가하는 경우는 국내외를 막론하고 인증취득이 기본조건이 된다. 또한 그린(green) 구입·조달에의 대응이 가능하다. 그린구입이란 환경에 대한 영향이 적은 제품이나 서비스를 관공서나 기업이 적극적으로 구입하는 것을 말한다. 그리고 그린조달이란 기업이나 관공서가 일정한 기준을 설정하여 그에 적합한 제품이나 서비스를 조달하는

것을 말한다.

③ 경영혁신에의 파급효과

앞의 도표를 보면 알 수 있듯이 '환경경영시스템의 요구항목'을 정비함으로써 관리시스템의 수준을 높일 수 있다. 아울러 종업원의 교육·훈련도 보다 철저히 할 수 있다. 관리 정도가 이미 일정 수준에 도달한 기업이라도 ISO 14000의 도입을 자사 시스템을 재평가할 수 있는 기회로 생각하고, 적극적으로 도전하는 것이 바람직하다.

6 1 ERP와 생산관리

ERP로 기대되는 효과

ERP(Enterprise Resource Planning, 전사적 자원관리)는 기업의 정보담당자가 큰 기대를 걸고 있는 분야로서, 이를 도입하는 경우 기대되는 효과를 살펴보면 다음과 같다.

① 정보처리 비용의 억제

요즘 기업경영에서 컴퓨터 시스템은 간과해서는 안 될 중요한 경영자원이다. 그러나 컴퓨터 관련 비용이 매년 증대하고 있어 큰 부담이 되고 있다. 이러한 문제점에 대한 대책으로 제시된 것이 종래의 대형 범용 시스템을 대신하는 네트워크형 클라이언트 서버시스템이다. 클라이언트 서버(CS : client server)는 이를테면 다운사이징(downsizing)을 통한 비용의 대폭 절감을 가능하게 하는 것이다. ERP가 기대를 모으고 있는 이유 가운데 하나는 바로 이 CS시스템으로 구축이 가능하다는 점이다.

② 글로벌화

경영의 글로벌화에 따라서 정보처리 측면에서도 각각 여러 가지 대응책이 필요하게 되었다. 예를 들어 해외에 생산거점을 둔 기업은 해외에서의 생산관리시스템을 신속히 구축해야 하며, 언어나 외환 차이에도 대응할 필요가 있다.

이 경우 만약 해외의 자회사가 독자적인 시스템을 구축한다면 비용, 기간, 연관성 등의 측면에서 심각한 문제가 발생하게 된다. 따라서 즉시 사용할 수 있는 기성시스템(ready made system)이 필요하다.

이러한 측면에서 ERP는 글로벌 스탠더드를 표방하는 패키지시스템(package system)으로서 기업의 요구사항에 딱 맞는다고 할 수 있다.

③ 시스템 정글의 해소

기업에 컴퓨터가 도입된 지 벌써 수십 년이 경과하였다. 그 사이 컴퓨터 개량을 끊임없이 반복한 끝에 현재와 같은 방대한 시스템을 완성하게 되었다. 바야흐로 전형적인 주문형 시스템(order made system)에서 출발하여 지속적인 보완을 통해 기업이 사용하기에 가장 편리한 시스템이 된 것이다.

그러나 이러한 시스템은 범용성 측면에서 많은 문제점을 갖고 있다. 즉, 회사 내 사용자들이 개별적으로 시스템을 빈번하게 변경함으로써 전체적인 측면과 맞지 않는 부분이 나타나게 된 것이다.

그리고 시스템을 변경할 때 문서화하지 않음으로써 매뉴얼의 부실

화를 초래하고 또 사정을 잘 알고 있는 관계자가 인사이동에 따라 자리를 옮기게 되면 해당 시스템은 더욱 이해하기 어려운 골칫거리가 되고 말았다. 마치 정글처럼 복잡하게 얽혀버린 것이다. 그러나 ERP 방식에 맞추어 시스템을 전체적으로 바꾸게 되면 이와 같은 문제점을 거의 해소할 수 있다.

ERP의 기본개념

이상과 같이 과거의 정보시스템은 경영기능의 핵심부분을 담당하면서도 큰 문제점을 내포해 왔다. 이러한 문제점을 ERP는 다음과 같은 기본개념에 입각하여 해결하고 있다.

① 온라인 통합화 시스템

회사 전체가 온라인으로 일체화되기 때문에 부문이나 서브시스템의 정보를 별 장애없이 교류할 수 있다. 이것이 가능하기 위해서는 'one fact, one place, database', 즉 데이터는 한 장소에서 한 번만 입력하도록 해야 한다.

또한 기존에는 구매부문의 검수 외에 현장검수, 구매검수, 경리검수와 같은 중복이 있었으나 ERP를 도입하게 되면 데이터베이스가 온라인으로 통합되기 때문에 그와 같은 낭비가 전혀 발생하지 않는다.

② 패러미터(parameter)에 따른 사용자 위주 시스템

ERP가 제공하는 생산관리 등의 업무시스템은 기본적으로는 표준화된 모듈(패키지)로 구성되어 있기 때문에 그대로 사용하게 되면 별

도의 시스템 개발비용이 들지 않을 뿐더러 그 효과도 크다. 물론 기업의 사정에 맞게 사용자 위주로 변경할 수도 있으며 정해진 규칙에 따라 패러미터를 입력하면 모듈시스템과 맞게 되어 있다.

③ 리얼타임 갱신

시스템상의 데이터 갱신(데이터 등록이나 데이터 체크)이 리얼타임으로 이루어진다. 따라서 과거 패키지 시스템과 같이 현물과 문서상의 갭이 발생하지 않기 때문에 신속한 정보처리가 가능하다.

④ 데이터의 공유화

시스템 전체에 공통적으로 이용되는 데이터 구조는 표준화되어 있으며, 이에 따라 데이터의 정합성과 정확성이 실현된다. 또한 데이터의 다운로드가 필요하면 어디서든 간단하게 할 수 있다.

⑤ 시스템의 개방화

시스템이 개방되어 있기 때문에 어떠한 컴퓨터나 시스템으로도 접속이 가능하며 전사적인 네트워크를 손쉽게 조직화할 수도 있다. 또한 시스템의 확장이나 갱신 등을 유연하게 할 수 있다.

ERP와 생산관리

지금까지 ERP를 도입함으로써 기대되는 효과를 살펴보았는데 이를 한마디로 요약하면 컴퓨터에 따른 정보처리 문제를 해결하는 데 있다고 할 수 있다. 다시 말해 이를 도입한다고 해서 생산관리의 모든 문제가 해결되는 것은 아니다. 따라서 생산관리 측면에서 ERP를 어떻게 활용할 것인지를 생각할 필요가 있다.

실제 생산관리 측면에서 볼 때 ERP에 특별히 새로운 것은 없다. 다음 페이지의 도표는 어느 ERP 회사가 제공하는 생산관리 패키지의 리스트인데 이것만 봐도 지금까지 설명한 생산관리의 기초적인 이론 체계와 큰 차이가 없다는 것을 알 수 있다.

앞으로 ERP가 생산관리의 한 분야로 보급되기 위해서는 생산의 실태에 맞는 다양성이 필요하다. 그러나 현재까지는 현장에서 이루어지는 생산관리보다는 지나치게 IT(Information Technology)에만 치우치고 있다. 그렇다고 해서 각 회사의 생산실태에 맞는 시스템을 만든다면 ERP의 특징인 업무처리의 표준화와 신속한 도입효과가 없어진다. 왜냐하면 시스템을 사용자 위주로 변경하려면 상당한 인력과 시간이 소요되기 때문이다. 바로 이 점이 패키지 방식을 도입하는 목적이라 할 수 있다.

ERP의 생산관리 모듈

생산관리(본서)의 항목			ERP의 항목(예)	
			기 능	모 듈
계 획		수 요 예 측	수요예측	○
			판매사업계획	○
		소요량 계획	MRP	○
	일정 계획	공 정 계 획		고객 마인드
		조 달 계 획		
		외 주 계 획		
		부 하 계 획		
준 비		작 업 준 비	제조 지시	○
		구 매 준 비	구매의뢰·발주	○
		외 주 준 비	외주의뢰·발주	○
진 척			실적 데이터 수집	○
재고관리		재 고 계 획		
		재 고 준 비		
		수 불 관 리	입·출고 데이터 처리	○

얼마나 고속화할 수 있을까

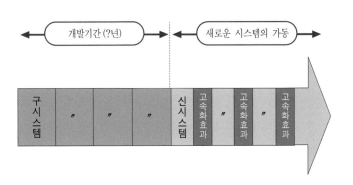

6 2 외주에서 아웃소싱으로

산업계에 아웃소싱이 널리 알려지게 된 것은 이스트만 코닥사가 컴퓨터와 관련된 모든 업무를 IBM사에 위탁한 1989년의 일이다. 이 대담한 조치에 따라서 코닥사는 컴퓨터 관련 투자의 90% 및 연간 경비의 20%를 절감할 수 있었다고 한다.

아웃소싱의 도입 사례

아웃소싱의 대상은 처음에는 정보처리업무가 주였지만 최근에는 비즈니스의 모든 분야로 확대되고 있다. 그 중 A사의 사례를 살펴보기로 하자.

A사는 설립시부터 기계부품이나 공구와 관련된 업무를 하고 있었다. 그 후 '구매대행회사'라는 컨셉으로 카탈로그를 이용한 통신판매를 시작하였다. 이 독특한 방법이 '저가격, 단기납기'라는 효과를 낳았고 사업은 확대일변도를 걷게 되었다.

이처럼 A사의 실적이 계속해서 향상되는 이유는 철저한 아웃소싱에 있었다. 예를 들어 인사, 총무, 정보시스템, 물류 등의 업무를 모두 외부에 위탁하는 것이다. 그 결과 사내에는 전략을 입안하는 기획부와 아웃소싱한 업무를 체크하는 부문만이 남게 되었다.

A사뿐만 아니라 제조업에서도 아웃소싱이 크게 확대되고 있다. 예를 들어 프리트 기판(基板) 제조업체인 B사는 전자제품의 개발에서 제조까지를 일괄해서 수주하고 있다. 동사(同社)의 고객으로는 컴퓨터 제조업체뿐만 아니라 카메라 제조업체도 포함되어 있다. 이는 일부의 부품이나 가공만을 위탁하던 종래의 외주방식으로는 생각할 수 없었던 일이다.

아웃소싱과 외주의 차이점

이러한 변화를 초래한 가장 큰 이유는 제조업을 둘러싼 환경이 격변하고 있기 때문이다. 한마디로 말해 안정성장시대에서 불안정정체 시대로 이행하고 있는 것이다. 이 때문에 제조업의 경영은 투하자본의 단기회수, 스피드 업(speed-up), 다양화, 개방화, 정보화 등의 난관에 봉착하게 되었다. 특히 투자효율 면에서 기존의 경영방식을 재검토하게 되었다.

현재 아웃소싱은 제조업에 있어 가중 중요한 전략과제가 되고 있다. 반면에 일부에서는 과거부터 외주라는 형태로 아웃소싱과 유사한 업무가 수행되어 왔기 때문에 새로울 것이 없다는 비판도 있다.

아웃소싱과 외주는 공통적인 면도 있지만, 본질적으로는 완전히 다른 별개의 것이다. 즉, 외주는 수직형의 지배체제인데 반해, 아웃소싱

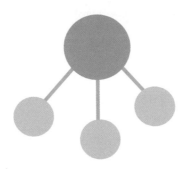

외주는 수직분업

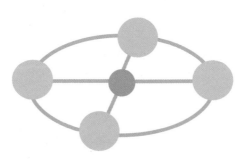

아웃소싱은 수평분업

은 수평형의 협업체제에 해당된다.

최근 들어 외주와 같은 수직형 생산시스템이 조금씩 해체되고 있으며 대신 오픈 마켓(open market)으로의 움직임이 현저하게 나타나고 있다. 또한 인터넷으로 대표되는 정보네트워크나 글로벌화로의 대응도 필수불가결하다.

앞으로 생산관리 측면에서 볼 때 종래의 외주만이 아니라 아웃소싱 방식을 채택하여 도입할 필요가 있다. 그러기 위해서는 지금까지의 부분효율만이 아니라 경영자원의 유효활용이나 기업동맹 등과 같은 전략적 사고가 필요하다.

6 3 작업환경개선운동으로 강화된 생산방법

생산성 향상은 작업자의 의욕에 달려 있다

기업이 생산에 투입하는 경영자원은 생산활동만큼이나 다양하다. 건물, 장치, 기계설비 등의 하드웨어뿐만 아니라 기술, 노하우, 스킬 등의 소프트웨어도 예외가 아니다.

최근에는 특히 정보기술(IT)의 역할이 강조되고 있는데, 정보시스템의 고도화로 생산관리의 모든 문제가 해결되리라고 기대하는 것은 오산이다. 생산관리에 있어서 정보시스템의 중요성은 많아야 30% 정도에 불과하다. 그러면 정보시스템에 치우치지 않으면서 하드웨어와 소프트웨어를 균형있게 배치하여 합리적인 생산시스템을 강구하면 어떨까?

사실 이렇게 된다고 해도 그것으로 모든 것이 해결되는 것은 아니다. 여기에는 가장 중요한 것이 빠져 있다. 그것은 바로 생산에 종사하는 사람들의 의욕에 가득찬 행동력이다. 만약 이것이 없다면 겉만 그럴 듯한 한마디로 '속빈 강정'과 같다고 할 수 있다. 이 때문에 과거 많은 공장들이 소집단 활동이나 TQC 등에 힘을 기울여 왔으나 최근 들어서는 이러한 활동이 점차 줄어들고 있다. 그러나 생산의 기본은 작업자의 의욕에 달려 있다는 본질에는 변함이 없다. 그 증거로 작업 환경개선운동은 지금도 많은 공장에서 활발히 지속되고 있다.

작업환경개선운동

작업환경개선운동이란 정리, 정돈, 청소, 청결, 예의범절을 가리키는 것으로 여기에는 생산에 관한 중요한 원리 2가지가 포함되어 있다.

그 하나는 앞에서 설명한 행동과학의 원리이다. 즉, 생산이라는 활동은 관념이 아니라 실천이기 때문에 구체적으로 행동하지 않으면 의미가 없다. 작업환경개선운동은 이를 위한 중요한 행동지침이 된다. 또한 작업환경개선운동은 행동과학에 우수한 검증사례를 제공하고 있다.

작업환경개선운동에 포함되는 또 하나의 생산성 원리는 최고의 상태에서 생산설비가 이용될 수 있도록 준비하는 것이다. 최근 기계설비의 자동화가 진행되면서 사람의 역할은 기계의 조작 그 자체보다도 고장이나 예측치 못한 사고를 방지하는 관리·유지가 중심이 되고 있다. 이를 위해서는 설비나 기계의 청결과 청소가 불가피하다. 따라서 면밀하게 기계를 점검할 필요가 있다.

또한 현장에는 다종다양한 미완성품이 놓여져 있다. 이들을 난잡하게 놓아두면 작업이나 운반에 방해가 되고, 제품을 잘못 가공하는 경우도 발생하게 된다. 이러한 오류를 막기 위해서는 항상 미완성품의 정리정돈에 주의해야 한다. 공구나 치공구의 정리정돈도 중요한 일이다. 이들이 난잡하게 놓여 있으면 필요할 때 즉시 찾아낼 수 없다.

이와 같이 최선의 상태에서 설비를 가동하기 위해서는 작업환경개선운동이 꼭 필요하다.

작업환경개선운동과 생산 인프라

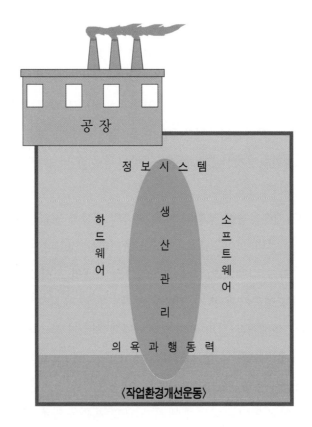

6 4 TQC에서 TQM으로

종합적 품질경영(TQM)

TQC(종합적 품질관리)는 기업 경영의 한 주축으로서 생산경쟁력의 강화에 공헌해 왔다. 그러나 최근 경영환경의 변화에 따라 품질관리 방식에 대한 재평가가 이루어지고 있다. 이에 따라 TQC는 1990년대 중반 이후 TQM(Total Quality Management)으로 개칭되면서 그 내용이 크게 변화되었다.

TQM은 TQC를 기반으로 미국에서 시작된 것으로 현재 그 개념은 이미 글로벌 스탠더드로 정착되고 있다. TQM의 핵심은 고객만족(CS)에 있다. 미국에서는 이것을 광범위하게 보급하기 위해 국가적인 차원에서 후원하는 '말콤 볼드리지상'을 제정하였는데 이는 미국산업을 활성화시키는 데 큰 공헌을 하였다. 그 개략적인 구조를 살펴보면 다음과 같다.

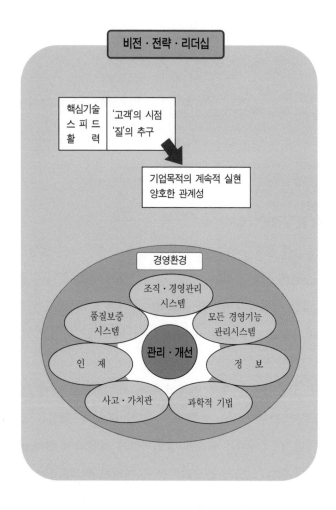

TQM과 TQC의 차이점

TQM과 TQC는 고객만족을 중심으로 하는 기본이념에서도 차이가 있지만 그것을 구체화하는 접근방법에서도 차이가 있다. 예를 들어 TQC는 Buttom-up형이지만 TQM은 Top-down형이다.

TQC는 생산현장에서 업무를 담당하는 사람들이 중심이 된다. 즉, 그들의 문제의식이나 개선활동에 따라서 원가절감이나 고품질을 실현함으로써 경영활동에 많은 공헌을 하였다. 그러나 TQC는 미시적인 생산관리에 초점을 맞추기 때문에 자칫 거시적인 측면이 소홀할수 있다. 다시 말해 자사가 생산하는 제품이 제품수명주기상 쇠퇴기에 접어들었다면 업무의 개선보다는 아예 생산을 중지하는 것이 보다 합리적일 수 있다.

요즘처럼 제품이나 공정이 격변하는 환경에서는 시간의 여유가 없다. 우물쭈물하다가는 개선대책 자체가 변질되거나 없어져 버리기도 한다. 따라서 예전과 같은 미시적인 접근방법으로는 대응할 수 없는 것이다.

한편 TQM은 이와는 대조적인 Top-down식 접근방법을 취한다. 이러한 접근방법은 경영환경이 불안정할 때 그 진가를 발휘한다. 즉, TQM의 대상은 과거 안정시대의 현장환경이 아니라, 격동하는 현재 및 그와 가까운 미래의 경영환경인 것이다. 따라서 현장의 개선이 아니라 변화에의 대응책, 즉 전략적인 차원에서 회사 전체적으로 생각해야 한다. 또한 전략적인 입안작업에는 과거와 달리 신속성이 필요한데, 이와 같은 이유에서 TQM에는 Top-down형의 접근방식이 불가피하다.

TQC의 접근방법은 원래 Plan, Do, See라는 관리 사이클을 회전하는 것이었다. 그 과정에서 주로 사용된 것이 히스토그램, 파레토곡선, 특성용인도, 산포도, 체크시트, 관리도, 그래프화 방법 등과 같은 QC의 7가지 도구이다. 이러한 기법의 공통적인 관리대상 영역은 실적 데이터의 분석이 주된 목적이었다.

반면 TQM의 접근방법으로는 데이터 분석 외에 새로운 전략적 분석 기법이 추가된다. 전략적 분석이란 환경변화에 따른 새로운 경영 과제의 발견과 거기에 적응하기 위한 대책을 개선하는 것이 아니라 창조하는 데 있다.

65

〈생산성 향상의 새로운 대책 4〉

모듈 생산방식

다품종 소량생산방식

고객의 욕구가 다양화되면서 공장에서는 이러한 고객의 욕구에 대응하기 위해 여러 가지 방법을 고안하였으며, 그 결과 다품종 소량생산방식을 택하게 되었다. 그러나 실제로 이러한 방식을 실시하게 되면 소품종 대량생산시스템보다 비용이나 재고 등에서 상당히 큰 부담을 갖게 된다. 이에 따라 여러 공장에서는 살아남기 위한 힘든 투쟁이 시작되었다.

부품생산방식

다품종 소량생산을 실현하는 최초의 아이디어는 부품생산방식이었다. 즉, 부품을 우선 보유해서 재고로 두고 수주할 때마다 조립하는 시스템인 것이다. 그러나 기존의 다종다양한 품목을 조립완성품으로 재고로 쌓아두는 것은 대단한 부담이다.

부품생산방식에서는 수주할 때마다 조립하기 때문에 제품의 재고가 거의 없다. 부품의 재고가 필요하기는 하지만 완성품목에 비하면 재고 부품의 종류나 수량을 대폭 줄일 수 있다. 다만 이러한 방식에서는 서브조립이나 완성조립에 다소 시일이 걸리며, 완성품을 즉시 납품하기도 어렵다.

유닛 생산방식

부품생산방식에서 한 단계 발전한 것이 바로 유닛 생산방식이다. 이는 부품보다 한층 완성도를 높인 서브조립품을 재고로 보유하는 방법이다. 이 경우 재고부담은 부품재고보다는 늘어나지만 완성품 재고보다는 적다고 할 수 있으며, 납기 또한 부품생산방식보다 짧아지게 된다. 일종의 타협안이기는 하지만 소비자와 제조업자의 이율배반적인 요구에 응할 수 있는 명안이라고 할 수 있다.

그러나 최근의 경영환경하에서는 이 정도의 대책으로는 불충분하다. 왜냐하면 제품의 수명주기가 매우 짧아지고 있기 때문이다. 이에 따라 제조업자는 사장재고를 많이 떠안게 되었고 그 때문에 새로운 형태의 주문생산방식이 생겨나게 되었다.

이러한 새로운 주문생산방식의 대표적인 사례가 바로 컴퓨터 전문 제조업체인 컴팩사이다. 컴팩사는 내부적으로 부품이나 유닛의 재고를 전혀 보유하지 않은 채 완성품의 수주 때마다 부품 및 유닛 공급업자에게 입고를 지시하는 방식을 적용하였다. 그러나 이 시스템은 완성품 메이커에게는 좋지만 부품 공급업자로서는 큰 재고부담을 안게 된다.

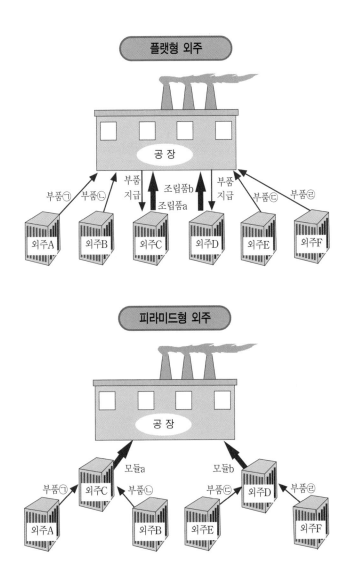

모듈(module) 생산방식

최근에는 부품을 복합화해서 조달하는 모듈화가 주목되고 있다. 예를 들어 자동차 업계의 경우 램프나 범퍼, 라디에이터, 클리어 등을 복합화해서 프론트 모듈(front module)로 정비하는 것이다. 이밖에도 자동차 열쇠뭉치나 창문 유리의 승강모터류를 일체화한 도어 모듈이나, 흡기(내연기관 등에서 공기를 빨아들이는 일)계 모듈 등 그 범위가 넓어지고 있다. 또한 공작기에서도 기계적인 동작을 반복하는 기계부품과 그것을 제어하는 전자부품의 모듈화가 진행되고 있다.

이러한 모듈화에 따라 과거 부품에는 존재하지 않던 전혀 새로운 기능을 추가할 수 있게 되었다. 그 뿐만 아니라 모듈화는 생산시스템 전체의 변혁을 촉진하고 있다. 예를 들어 외주와의 관계는 앞의 그림과 같이 플랫형에서 피라미드형으로 변화하고 있다. 그 결과 직접 거래하는 조달거래처를 10분의 1로 줄이고 관리비의 절감을 꾀하는 회사도 생기게 되었다.

모듈화에 의한 변혁으로 직접비와 간접비 양 측면에서의 대폭적인 원가절감이 기대된다.

66 식스시그마

식스시그마(6σ)

금세기 최후의 경영기법으로 일컬어지는 6σ의 기본적인 사고방식은 고객만족(CS), 목표설정의 과학화, 생산적인 목표설정 등이다. 여기서 6σ의 목적은 특수한 수학적 처리에 따라 생산상의 결함이나 로스의 발생확률을 100만분의 3.4회 이하로 억제하는 데 있다.

6σ는 그 목표수준이 매우 높아 실제 그 정도까지 실현할 수 있는지 여부는 의문이다. 그러나 그 기본컨셉을 알면 목표달성이 결코 불가능한 것이 아님을 알 수 있다. 모토로라나 GE, IBM 등의 성공사례를 보아도 알 수 있다.

식스시그마의 주요 포인트

물론 사람이 하는 일에 완전무결이란 있을 수 없다. 다시 말해 오류나 로스의 제로화는 있을 수 없는 일이다. 하지만 각고의 노력으로 제로에 보다 가깝게 할 수는 있다. 그 가능성을 믿는다면 될 수 있는 한 높은 수준의 목표치, 즉 6σ를 설정해야 한다. 이러한 사고방식이 6σ의 제1의 포인트이다.

제2의 포인트는 소정의 프로세스를 조직적으로 진행하는 것이다. 아무런 계획 없이 되는 대로 진행해서는 큰 성과를 올릴 수 없다. 여기서 말하는 소정의 프로세스란 다음 도표에서 보는 바와 같이 MAIC라고 하는 일종의 매니지먼트 사이클이다. 이 사이클은 Plan, Do, See로 표현되는 QC사이클과 비슷한 유형이지만 그 내용은 크게 다르다.

① M(Measurement)

앞으로 시작될 6σ활동의 대상범위를 정의한다. 그 내용에는 목표의 지표화, 평가기준의 설정, 정보수집이 있으며 이 단계에서는 분포분석, 분산분석, 상관분석, 회귀분석, 인자분석 등이 이루어진다. 통계적 기법이 프로세스의 모든 과정에서 이용되는 것은 6σ의 특징으로 6σ가 과학적이라는 이유도 여기에 있다.

② A(Analysis)

로스, 미스, 결함 등이 발생하는 요인을 분석하여 그 안에서부터 재조직해야 하는 과제를 선택하고 우선순위를 매긴다. 여기서 이루어지는 작업의 내용으로는 사람과의 관련, 목표달성을 위한 주요인 분석, 자사의 대응력 평가, 우선순위의 설정 등이 있다. 이 단계에서는 편상관분석, 판별분석, 수량화 I 류, 수량화 II 류, 수량화 III 류 등의 다변량 해석 기법이 이용된다.

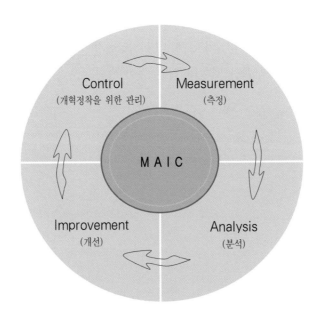

③ I(Improvement)

업무 프로세스의 개선목표를 설정하고 구체적인 대책을 강구한다. 이 단계에서 이루어지는 작업의 내용으로는 개선의 조직화, 개선의 방향결정, 스케줄의 입안, 개선의 실시가 있다. 이 단계의 진행에 있어서 중요한 역할을 하는 것은 블랙벨트(black belt)라는 전문멤버이다. 따라서 6σ에서는 혁신의 핵심이 되는 이 멤버를 육성하기 위해 교육·훈련을 특히 중시한다.

④ C(Control)

개선이 이루어진 이후 프로세스가 설정치대로 운영되고 있는지 여부를 관리도나 체크리스트 등을 이용해서 확인하며 문제가 발생할 때는 배제한다. 따라서 이 단계의 내용은 평가, 중요 결함요인의 배제, 수준의 유지, 레벨업 계획의 입안 등이 된다.

6 7 로지스틱스에서 SCM으로

SCM

SCM(Supply Chain Management, 공급사슬관리)은 미국에서 개발된 새로운 경영전략으로서 최근 우리나라에도 급속히 보급되고 있다. SCM의 사고방식은 갑자기 나타난 것이 아니라 이전부터 있었던 로지스틱스(logistics)가 그 기초가 되며, SCM이 최근 들어 특히 각광을 받게 된 이유는 2가지가 있다.

그 하나는 정보시스템(IT)을 주로 활용한다는 것이다. 이는 ERP가 이전부터 있어 왔던 MRP의 기초 위에 만들어진 것과 마찬가지다. 그리고 또 하나는 과거의 로지스틱스에 머물지 않고 개선이 이루어지고 있다는 점이다. 따라서 SCM을 설명하는 데 있어서 우선 그 기초가 되는 로지스틱스의 사고방식을 다루고, 이어서 SCM과 로지스틱스의 차이, 마지막으로 정보시스템(IT)이 강화되는 상황에 대해 살펴보기로 하자.

SCM의 전제조건

제품이 부족한 시대에는 생산자 주도로 생산자에게 유리한 조직이 만들어지게 된다. 그러나 현재는 소비자가 주도하는 시대이기 때문에 제품의 흐름도 소비자를 기점으로 하지 않으면 안 된다. 이와 같이 판매·유통·생산·조달의 모든 과정을 소비자의 행동에 적응할 수 있도록 만드는 시스템을 로지스틱스(정확하게는 비즈니스 로지스틱스)이라고 한다.

그러나 소비자는 변덕스러운 경향이 있기 때문에 지금 유행하고 있는 제품도 언제 싫증낼지 모른다. 따라서 제조업자는 잘 팔릴 때 빨리 팔아버릴 필요가 있다. 이를 위해서는 판매, 재고, 생산, 조달의 모든 과정을 일원적으로 관리하고 유연하게 대응하는 것이 필수조건이다.

SCM이란 이와 같이 로지스틱스를 더욱 강화한 것으로 말하자면 '일기통관(一氣通貫)'형의 물류시스템이라고 할 수 있다. 구체적으로는 재료의 조달, 공장에서의 생산공정, 배송센터, 운송, 판매점까지를 JIT가 되도록 시스템화하는 것이다.

이를 위해서는 제품의 흐름과 정보의 흐름을 일원화하고, 판매와 생산을 직결해서 초고속으로 처리할 수 있도록 해야 한다. 또한 그 전제가 되는 인프라, 즉 물류 하드웨어의 재정비와 그것을 통제하는 정보시스템, 조달부터 판매까지 사내외를 포함한 조직체제의 재편 등도 필요하다(다음 도표 참조).

이와 같이 로지스틱스를 기반으로 하여 구축된 SCM은 판매시점의 정보에 따라서 제품의 판매를 예측하고 월 단위, 주 단위, 시간 단위의 계획을 세워 생산이나 운송을 수행한다.

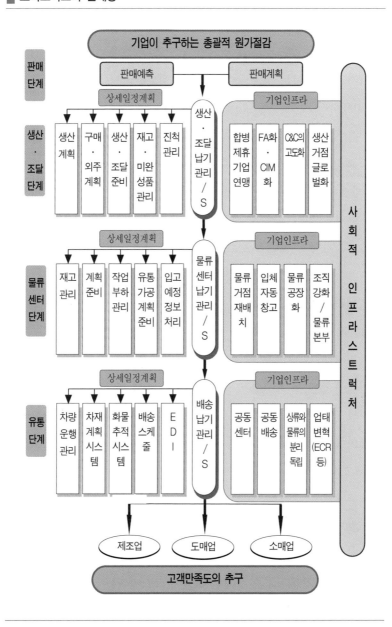

물론 예측에는 오차가 있으므로 그것을 예측한 재고도 필요하다. 그러나 여분의 재고는 회사의 사활이 걸린 문제이기 때문에 재고수준은 최저수준으로 억제할 필요가 있으며, 이같은 상반된 요구를 만족시키기 위해서는 강도 높은 고도의 재고관리시스템이나 재고계획이 필요하다.

한편 시장은 보다 글로벌화되고 있으며 이에 따라 SCM도 글로벌화되고 있다. 판매거점을 어디로 할 것인지는 경영전략상 극히 중요한 과제이며, 마찬가지로 생산거점·조달거점·물류거점의 배치도 중요한 사안이다. 따라서 로지스틱스를 최적으로 구축하기 위해서는 이들 각 거점을 종합적으로 재조직할 필요가 있다.

SCM과 로지스틱스의 차이

기본적으로 SCM은 로지스틱스와 거의 비슷하다고 할 수 있다. 그러나 완전히 같다고는 할 수 없으며, 전략성과 다양성 2가지 면에서 차이점을 살펴볼 수 있다.

우선 전략성의 차이인데 로지스틱스는 그 시스템 자체가 타사와의 차별화를 실현하는 전략이다. 예를 들어 1980년대 초기의 '카오(花王)'사는 그 대표적인 사례라 할 수 있다. 그러나 로지스틱스가 보급된 현재에는 이것만으로는 차별화가 되지 않는다. 때문에 카오사의 경우 이토요카도의 대규모 소매업자가 조직화한 공급사슬(supply chain)과 매치하도록 기존의 물류시스템을 재편성하고 있다.

또 하나의 차이는 다양성이다. 로지스틱스에서는 고효율의 물류 실현을 목적으로 창고나 운송기기 외에 도로 등의 인프라를 포함하는 하드웨어와 정보처리를 위한 소프트웨어의 양면에서 시스템의 통합을 도모하였다. 그 결과 관리기능으로서는 판매관리, 생산관리, 창고관리, 운송관리 등을 충당할 수 있으면 충분했다.

그에 반해 SCM에서는 보다 다양한 면에서 문제에 접근해간다. 예를 들면 재무기능과 개발기능의 중시이다. 재무기능의 강화는 경영의 글로벌화와 함께 점차 그 필요성이 높아진다. 가령 통화나 세제의 차이 등은 이제 리얼타임으로 조정·처리해야 할 일상업무이다. 또한 세계로 분산되어 있는 재고 등에 대해서는 재무회계의 전체 최적의 관점에서 항상 바라볼 수 있는 체제가 필요하다.

한편 SCM에서는 제품의 다양화, 개발속도의 향상 및 개발기능의 일부가 필요하다. 특히 개발에서부터 생산으로 이행하는 경계영역이 문제인데, 가령 복잡한 제품의 경우 내장되는 부품의 종류가 매우 많아 이를 위한 부품구성표의 작성이나 신규재료의 조달, 신규공정의 설정 등의 수단이 계속 증가한다.

종래에는 이들을 개발부문에 일임했었지만 SCM에서는 회사 전체적인 차원에서 본격적으로 관여하게 된다. 물론 환경문제도 회사의 전체적인 전략적 관점에서 대응할 필요가 있다.

IT의 활용 및 강화

로지스틱스에서도 네트워크와 컴퓨터의 활용은 필수 조건이다. 그러나 그것과 비교하면 SCM에 있어서의 IT의 활용은 질과 양적인 측면에서 현격하게 진보하였다.

'ERP와 생산관리(302페이지)'에서 기술한 온라인 통합화 시스템, 리얼타임 갱신, 데이터 공유, 시스템의 개방화 등은 말할 것도 없지만 특히 SCM에서 강화된 것은 플레이닝 소프트웨어(playing software)이다. 이것은 SCM의 심장부에 해당하는 것으로 고도의 컴퓨터 시뮬레이션에 의해서 수요를 예측하거나 최적의 생산계획을 입안하는 기술이다.

사실 예전부터 이 분야에는 여러 가지 기법이 있었지만 실용적이지 못했다. 그러나 최근 들어 TOC(Theory of Constraint, 제약조건이론)가 개발되고 그 응용이 진전됨에 따라 일거에 이 분야의 계획기법이 고도화되었다. SCM에 필요한 고도의 생산·물류계획도 이들 계획소프트패키지의 활용에 따라서 차츰 실현할 수 있게 되었다.

SCM의 영역

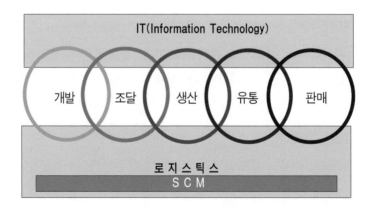

<찾아보기>

THE BUSINESS SERIES - 7

고객 만족을 실현하는

생산관리 매뉴얼

초판 1쇄 인쇄 2020년 6월 12일
초판 1쇄 발행 2020년 6월 22일

지은이 | 타나카 카즈나리
옮긴이 | 홍성수
펴낸이 | 한준희
펴낸곳 | (주)새로운 제안

책임편집 | 이혜경
디자인 | agentcat
마케팅 | 문성빈

등록 | 2005년 12월 22일 제2020-000041호
주소 | (14556) 경기도 부천시 조마루로 385번길 122 삼보테크노타워 2002호
전화 | 032-719-8041 팩스 | 032-719-8042
홈페이지 | www.jean.co.kr email | webmaster@jean.co.kr

ISBN 978-89-5533-588-0 (14320)
ISBN 978-89-5533-589-7 (15320) 전자책
ISBN 978-89-5533-558-3 (14320) 세트

저작권자 ⓒ 1999 by Kazunari Tanaka
서면에 의한 저작권자의 허락 없이 내용의 일부를 인용하거나 발췌하는 것을 금합니다.

※책값은 뒤표지에 있습니다.
※잘못 만들어진 책은 구입하신 서점에서 교환해 드립니다.

이 도서의 국립중앙도서관 출판예정도서목록(CIP)은 서지정보유통지원시스템 홈페이지
(http://seoji.nl.go.kr)와 국가자료공동목록시스템(http://www.nl.go.kr/kolisnet)에서 이용하실
수 있습니다.(CIP제어번호: CIP2020017483)